天下文化

BELIEVE IN READING

老子

在虛靜中覺悟人生智慧

傅佩榮 著

目錄

自序

值得做的事很多，但我一生做不了幾件，值得念的書很多，但我一生念不了幾本。因此，面對自己短暫的一生，人首先要學會的就是「給一個說法」：我做這幾件事，我念這幾本書，以及我選擇如何如何，都需要一個合理的解釋。

這無異於探討一個大問題：人生有什麼意義？因為「意義」不是別的，而是「理解之可能性」。我過這樣的生活，以這種方式與人來往，這一切作為是「可以理解的」嗎？如果說不出所以然，也就是沒有一個說法，那麼，我的人生就談不上什麼意義，只是人云亦云，隨俗浮沉，十六個字就講完了：「生老病死，喜怒哀樂，恩怨情仇，悲歡離合。」其他的大道理都只是風聲吹過而已。

面對如此處境，似乎只有一條出路，就是「愛好及追求智慧」，而這句話恰好是古希臘時代對「哲學」一詞的原始定義。不過，我在此不是要介紹西方哲學，我要推薦的是與我們一樣使用中文的，中國古人的哲學。雖說是古人，但一點也不老舊；他們使用古文，卻依然照亮了今日世界。蘇格拉底有一個年輕朋友，這個朋友借酒裝瘋，說出他對蘇格拉底又愛又恨的心情：「他使我覺悟生命不該因循苟且，忽略自己靈魂的種種需要，迷失在政治往還的生涯中。我起初無法接受，掩耳疾走，背他而去。他是唯一使我覺得自己可恥的人。我曾多次暗咒他早早死了才好，但我又知果真如此，則我的哀傷將遠遠蓋過我的欣喜。」

「掩耳疾走，背他而去。」我好像也曾有過這樣的念頭，但針對的「他」是誰呢？不是別人，就是我在這兒要向大家介紹的「孔子、孟子、老子、莊子」。他們並稱為「中國四哲」，但我年輕時，只覺得他們難以親近，也不易理解。孔子說話精簡扼要，如念格言金句；孟子倡言仁政理想，結果落個好辯之名；老子看似很有見地，內容卻是恍惚難解；莊子寓言常有巧思，讓人感嘆浮生若夢。我曾想過，如果沒有這四哲，我們求學時會不會輕鬆一點？傳統的包袱會不會減少一點？

現在我明白了。如果沒有他們，我的哀傷將遠遠勝過欣喜，甚至這一生只剩下十個字：重複而乏味，茫然過日子。讀懂他們的文字，領悟他們的思想，實踐他們的教導，品味他們的智慧，然後這才發現自己身為中國人，並且能夠從小使用中文，是一件無比幸福的事。

他們身處危機時代，虛無主義的威脅有如張牙舞爪的惡魔。孔子與孟子代表儒家，主張「由真誠引發內心行善的力量」，使價值的基礎安立於人性中，如此可化解價值上的虛無主義。老子與莊子代表道家，主張「凡存在之物皆有其來源與歸宿」，那即是作為究竟真實的道，如此可消除存在上的虛無主義。前者重視「真誠」，後者肯定「真實」，殊途同歸但皆使人的生命展現明確意義，有如麗日當空，光明普照，而人生的喜悅與快樂也有如空氣般自然遍存。

我歸納儒家思想為四字訣：對自己要約，對別人要恕，對物質要儉，對神明要敬。至於道家，也有另一套四字訣：與自己要安，與別人要化，與自然要樂，與大道要遊。這簡單的八字心得，可以在這四本書中找到詳細的說明。

「孔孟老莊」四哲，每一位都是千年難遇的良師與益友。我研究中西哲學四十餘年，最大的收穫就是學習並了解這四哲的思想。我出版有關他們思想的書籍與有聲書很多，現在這一套書原是一系列四十八講的課程，整理成文字稿再經修訂而成，所以內容淺顯易懂，文字輕鬆可讀，結構完整周延，論述一氣呵成。不限時空，隨手翻閱，壓力不大，心得甚深。談到「哲普」作品，目的不正是如此嗎？

有關「孔孟老莊」四哲的原典與譯文，請參考我在天下文化出版的《人能弘道》、《人性向善》、《究竟真實》、《逍遙之樂》。每次出新書，我都憂喜參半。喜的是心得可以與人共享，憂的是我還可以做得更好啊！

主題一：面對天下大亂

第一講：虛無主義的危機

哲學，是對人生經驗做全面的反省。人有理性，總希望能夠明白人生究竟是怎麼回事，尤其是在亂世裡。

周公制禮作樂之後，時代演變愈來愈快，到了春秋時代末期，可以用四個字來描寫：周文疲敝。「禮壞樂崩」一語就足以說明周朝原來的構想失效了。一方面是天子失德，既無仁愛也無正義，百姓生活陷入困境；另一方面，社會開始急遽演變，有學問有專長的人流落到民間。春秋時代百家爭鳴，其中最重要的是儒家與道家兩派。儒家重視學習與修養，而道家老子所發展出來的思想卻另有特色。

周文疲敝：文化失去活力

老子是哲學家，是道家的創始者。司馬遷《史記・老子韓非列傳》記載老子是楚國人，在周朝負責管理國家檔案，他退休後騎青牛西出函谷關，遇到關尹（守關的官員），他聽說老子很有學問，想請他留下一些智慧資產，所以老子在短期內寫了五千多字。這是傳說，要在短期內寫出《老子》五千言，可能性不大，應該是由一群隱居的人長期生活留下的心得。據說後來關尹隨老聃一起隱居去了。《莊子・天下》有一段說：關尹、老聃都嚮往「道」。過去談「道」，通常會配合「天之道」或「人之道」。但是，作為道家的老子，他談的是「道」的本身，並發揮成一套完整的系統。

老子出關之後不知所終，重要的是他留下了《老子》。這本書又稱《道德經》，共八十一章，一到三十七章稱為〈道經〉，因為第一章開頭是「道可道，非常道」；三十八到八十一章稱為〈德經〉，因為第三十八章開頭是「上德不德，是以有德；下德不失德，是以無德」，道與德合在一起，稱為《道德經》，所說的和仁愛、慈悲、忠孝毫無關係。道，用一句話來說，就是「究竟真實」。如果用兩個字來形容，儒家是「真誠」，道家則是「真實」。真誠只對人有效，而真實對萬物都有效，因為宇宙萬物都有其真實的一面。而虛偽的出現，是因為人的認知與行動，常常帶來複雜的情況。「道」要回應的是：宇宙萬物充滿變化，背後有沒有不變的本體呢？「德」是指獲得的「得」，「德」與「得」在古代音意相通，與倫理道德無關；萬物獲得道所賦予的部分稱作德。道與萬物之間就靠「德」在連繫及運作，而「德」又不能離開萬物，所以說「德」是道在萬物裡的代表。譬如，一朵花，因獲得道的支持，才能存在。萬物獲得道的部分，稱作它們的本性與稟賦。唯一有問題的是人，人同樣獲得道的加持，不過人製造很多複雜的情況，是道所無法規定的，這就牽涉到比較深刻的問題。

哲學家面對時代危機，要思考如何讓人繼續活下去。要活下去，有兩個基本要求，仁愛與正義。仁愛就是發展經濟，讓人足食足衣，可以養家活口、傳宗接代，一代代發展下去。但要維持正義比較困難。人有自由，有人行善，有人作惡，所以需要賞善罰惡，如果沒有正義，任人胡作非為、巧取豪奪，社會就會混亂。儒家強調仁愛與正義，要具體落實在人的生活中。而道家則認為仁愛和正義必須推到最根源，從根本上化解這個問題。因此二家各有不同的取捨。

回到周文疲敝。文化為什麼會慢慢疲累毀壞呢？現在很多人談國學，也有人疑惑為什麼要談這些老東西？文化分為三個層次：器物、制度、理念。器物最為具體，展現為經濟繁榮發展，每個人都有方便豐富的器物以節省時間和力氣；制度層次有法律與規範，能讓社會秩序維持穩定；理念層次則無形無象，我們講國學的目的，談的就是理念。如果有人學了老子之後，希望仿效其中的器物與制度層次，就只能說是「小國寡民」。老子在八十章提到「小國寡民」，人們老死不相往來，彼此不會比較，也沒有紛爭，因為比較是痛苦的來源之一。柏拉圖也提出理想國的概念，他的國家只有五千零四十人，他認為只有這種小型國家，才能穩定和諧。

《莊子・天地》有個故事，子貢看到一個老人家辛苦地抱著甕去裝水，於是好心建議他用桔槔（汲水的器具）。沒想到老人家生氣了，他說：「吾聞之吾師：『有機械者必有機事，有機事者必有機心。』」意思是，人使用機械之後，就會思考怎麼樣最便利，發展到最後，世界會變得非常複雜，所以老子主張回到原始狀態。但今天可能沒有人想再回到原始的生活。

我們要學習老子的理念：什麼樣的人生是合理的，什麼樣的觀念是正確的。我年輕時讀到「強行者有志」（《老子・第三十三章》），亦即勉強自己往前走就是有志向；有志向才會要求自己。這使我對人生有了不同的看法。後來念到「甚愛必大費，多藏必厚亡」（《老子・第四十四章》），意思是過分愛惜必定造成極大的耗費；儲存豐富必定招致慘重的損失。因為誰也無法預料天災人禍。舉例來說，一個人很喜歡蒐集酒杯，家裡有個酒櫃，擺滿了酒杯，後來地震時酒櫃倒下來，酒杯全部碎光了，他也從此不再看酒杯了。

虛無主義：價值上與存在上

老子有很多語句可以當座右銘，但我們希望能理解老子完整的思想。老子和儒家有什麼不同？這得從分辨古代的兩種虛無主義開始。「虛無主義」一詞參考了西方的背景，但可以普遍應用，中國古代出現了價值上和存在上的虛無主義。

儒家關心價值上的虛無主義，這種虛無主義認為沒有真假、善惡、是非、美醜。人發現善惡沒有報應，在失望之餘，自然會懷疑行善避惡的必要性。至於美與醜，看多了後會發現那也是相對的。這時只有求助於宗教，但所有的宗教都建立在善惡有報應的基礎上，這樣宗教才有可能發展。若今生沒有報應，來世也沒有報應，那麼還有誰要信仰宗教呢？如果人生在世只要設法避開災難就好，那只是消極無奈地活著。所以，如果在價值上出現虛無主義的困境，一般百姓將會無所措其手足，因為不知道自己的言行何時會惹禍上身，既沒有善惡之分，也沒有正義可言，這就是典型的亂世。儒家對此深感憂心而苦思對策。孔子與孟子想盡辦法教導世人：只要真誠就會產生由內而發的力量，促使人行善避惡，然後快樂也將由內而發。快樂本身就是最好的報應，是行善的善報。孔子責怪原壤：「幼而不孫弟，長而無述焉，老而不死，是為賊。」（《論語・憲問》）他批評這個老朋友年輕時既不謙虛也不友愛，年長後更沒有好的行為可讓人稱讚，這種人如果活得長久而不死，就可以稱之為賊。此處的「賊」不是指小偷，是指傷害做人的原則。一般人都認為好人應該長壽。我們過年時喜歡說五福臨門，《尚書・洪範》所說的五福是：一、壽；二、富；三、康寧，健康平安；四、攸好德，所愛好的是德行；五、考終命，可以活得很老，安享天年。但是如果長壽卻一直受苦，誰願意呢？這套說法有很廣的適用性，對外國人來說也可以成立。但是對儒家來說，問心無愧，才是最快樂的。這種快樂最可貴，也最可靠。如果肯定賺錢快樂，那麼賠錢呢？從外而來的，將在外面失去，只有由內而發的才是我們可以掌握的，這是儒家最重要的觀點。

道家比儒家看得更深刻。儒家關懷人群，道家則認為不必考慮太多有關人群的問題。道家關心存在上的虛無主義。這種虛無主義和生死有關，譬如《老子・七十五章》說：「民之飢，以其上食稅之多，是以飢。民之難治，以其上之有為，是以難治。民之輕死，以其上求生之厚，是以輕死。夫唯無以生為者，是賢於貴生。」每一個人都希望活下去，為什麼有些人輕易就死掉呢？是因為在上位者稅收太重，只顧自己吃喝玩樂，不顧百姓的生活，所以這涉及生死問題。不過《老子・七十四章》還有一句：「民不畏死，奈何以死懼之？」意思是千苦艱難唯一死，若連死都不怕，還有誰可以嚇你？這說明了當時的情況，非自然的死亡是普遍的現象，很多人認為活著同死去沒什麼差別，死後一了百了。這就是存在上的虛無主義。

吳稚暉是一位科學家，也是第一屆中研院院士。他是一位無神論者，也承認自己是虛無主義者。所謂無神論者，代表他認定死後沒有靈魂，也沒有鬼神，更不用談上帝。這種想法落實在生活裡，一個人該如何生存呢？怎麼跟別人來往呢？我尊敬吳先生，因為他很誠實，他說：「我是無神論者，所以人生只有四個字，『一片漆黑』。死後埋進墳墓不是一片漆黑嗎？」這種想法很消極。後來有人問他：「你是學者，應該講一些比較積極的話吧。」他說：「人生只有三件事，第一，吃飯；第二，生孩子；第三，交朋友。」吃飯和生孩子，屬於動物性的食色性也，是可以理解的。吳先生認為，人的世界比較複雜，所以要同各種朋友來往，人也可以透過交友得到一些快樂。這樣的想法就是存在上的虛無主義，其實這種想法相當普遍。現在由於訊息流通，在發生天災人禍時，不免想到自己也可能碰上同樣的狀況。這樣的事情想多了以後，會發現生命只是一種偶然性：如果得意，是偶然得意；如果失意，也是偶然失意。人生就是佛教所說的「無常」，沒有任何事情是穩定可靠的，也沒有任何保障。在這種情況之下，危機顯然非常深重。

老子比孔子年長約三十歲。孔子去拜訪老子，老子規勸他不要太想有所作為，總想改善社會，讓人們快樂活下去。在孔子看來，若肯定這個世界的價值，就要設法做官，設法發展經濟，好好照顧百姓。有個守城門的人說孔子是「知其不可而為之者也」，這句話顯示了儒家的精神。儒家有一種悲壯的豪傑情操，看到天下大亂依然想努力改善，即使沒有把握成功。這是為了要回應內心的要求。道家同樣希望人們過得快樂，但他們認為儒家這樣做固然用心良苦，但耗盡一生力氣卻未必能夠成功。因此，孔子回到家鄉之後對學生說，我終於看到龍了。由此可見孔子推崇老子的高明智慧。

性格決定了命運的發展，但老子絕不只是性格特殊而已，他還有很深刻的智慧，看得比儒家更遠。儒家看到人類的問題，而老子看到存在的問題，亦即不只人類，還有整個自然界。能掌握住這兩個層次，老子的思想當然更為周全。西方學者特別喜歡研究老子的思想，他們認為老子有形上學，而儒家只有倫理學。倫理學講的是人活在世界上要行善避惡，所以要先界定什麼是善，什麼是惡，然後去做該做的事。形上學超越善惡，只講宇宙萬物有沒有本體，有沒有最後真實的存在，如果沒有，這形上學就變成虛無了；如果有，則形上學可以建立。老子面對的是存在上的虛無主義，這才是究竟意義的虛無主義。

西方學者特別欣賞道家，主要原因是他們知道人的言語有其限制。老子說「道可道，非常道」（《老子‧第一章》），接著是「名可名，非常名」。意思是：道，如果可以用言語表述，就不是永恆的道；名，如果可以用名稱界定，就不是恆久的名。取名字很重要，因為人靠名字認定自己的存在。有一隻動物跑過去，你卻喊不出名字，這樣等於什麼都沒見到。

魏晉時代的阮修與人談論有無鬼神的問題。有人認為人死之後會變成鬼，但是阮修主張鬼不存在。他說：「自稱看到鬼的人說，鬼穿著生前所穿的衣服。如果人死變成鬼，那麼衣服也有鬼嗎？」衣服是物質，鬼如果穿著白袍出現，那麼鬼不見時白袍應該留下來，但白袍也不見了，白袍也有鬼嗎？這就說明名稱的重要。有些民俗觀念也相當深刻，譬如人死了要喊他的名字，把他的魂喚回來。名字代表個人，人會變，名字不會變，當然現在可以改名，那是別的問題了。名對人的概念思考能力來說，是不可或缺的，一物沒有名字，對人而言等於不存在。

名字是約定俗成的，為什麼可以扮演這麼重要的角色呢？這就是人類思維的特色。老子顧及這些觀念，西方學者當然佩服。他們只要看到：「可以用言語表述的，就不是永恆的道。」這句話就夠了。他們認為存在本身（Being）是無法形容的。他們常提到上帝，但是無法正面形容上帝，而只能用否定的方式來形容絕對完美的神。譬如：上帝不是太陽，上帝不是月亮，上帝不是海洋。這樣講都正確，因為上帝確實不是太陽、月亮、海洋，但卻也等於什麼都沒說。老子說：「道可道，非常道」，西方學者一看就懂，看不懂的人只覺得「玄之又玄，眾妙之門」。老子在西元前六世紀時就有這種思想，西方學者直到一七八八年才將《老子》翻譯成拉丁文，但「道」字很難翻譯，只能音譯，外國人實在看不懂。有人把「道」譯成「路」，那麼這個路就不是普通的路。所以西方學者始終覺得老子的思想神祕莫測。

老子的思想可以區分為兩個部分：第一，專門屬於形上學的部分；第二，落實在生活應用上的部分。司馬遷《史記》裡記載老子事蹟的篇章稱為〈老子韓非列傳〉，這實在是委屈了老子。韓非是法家代表，如何與老子扯在一起？法家利用道家的形上學，而在《韓非子》有〈解老〉、〈喻老〉兩篇，代表韓非認真研究過老子的思想，結果司馬遷就上當了。

西方學者研究古代中國哲學，得到三點結論：第一，老子具有革命性；第二，墨子最保守；第三，孔子的思想承先啟後，所以顯得最溫和。老子的思想是用「道」代替「天」。古代君王稱為天子，只有天子才有天命。孔子最大的創見就是主張每個人都有天命，如他說自己「五十而知天命」，但古代這樣講天命等於要造反了。從孔子以後，天命是每個人都可以理解的，都可以在自己身上加以肯定的。現在，老子用「道」代替「天」，所以西方學者認為老子的思想具有革命性。一般人只以為道家主張順其自然、清淨、無為、不爭，老子怎麼會與「革命」相關呢？另外，墨子講天志，明鬼，他主張做壞事鬼就會懲罰你。這是哄小孩的，很多壞人比鬼還兇。墨子還提倡兼相愛，交相利，因為大家都是上天的子女，上天的意志希望人類像兄弟姊妹一樣相親相愛。這是很好的理想，但恐怕難以實現。所以，墨家信徒摩頂放踵，到處幫助別人，甚至犧牲自己成全別人，最終變成游俠、刺客之類的人，這也是《史記・刺客列傳》的由來。繼續演變下去，則成為武俠小說裡的人物，那些大俠的表現都像墨子和他的信徒，以天下為家，但觀念卻是最保守的，想要賞善罰惡，無法突破與創新。

換個角度思考人生意義

儒家比較溫和，保持古代對天的信仰，以「承禮啟仁」來承先啟後。道家的革命性在於用道代替天。古代社會的穩定基礎，在於百姓相信天生烝民，所以天子代表人間帝王，得天命者為天子，為百姓的父母。因此，道家以「道」取代「天」的做法，需要詳加解釋。老子這樣做，有他很深的苦心，因為當時的天子既沒有仁愛，也沒有正義。這種天子，已經喪失他應有的意義。老子提出「道」的概念，就是要把人為因素去掉。也就是不要問那個人對我好不好，天子是人，是人就可能犯錯；而要問「道」能不能為我有限的生命提供根據與基礎。老子為了對抗存在上的虛無主義，提出「究竟真實」，也就是「道」。所以，人生在世，時間無論長短，都不用擔心；活著只有一個任務：覺悟什麼是道，與道重新建立關係。這就是道家思想的關鍵。覺悟之後，可以從道來看自己一生的遭遇。學習道家，有兩個特別的觀點：整體與永恆。從整體來看，我們就不會太在意一時的成敗得失。永恆指的是最後都回歸於道，沒有來也沒有去，沒有得也沒有失，沒有成也沒有敗。

這種論述聽起來有點像佛教，但其性質還是不同。佛教是宗教，背後有輪迴的思想。道家則用智慧看透生命的整體，了解整個生命是怎麼一回事。能做到這一步，生命的一切困擾就很容易得到解脫。人與人之間難免有各種衝突與掙扎，從整體來看，這都是小小的波浪。譬如，小時候數學考得很差，回家挨了罵，十年後回想起來覺得很好玩。父母年老了之後問他們，是否還記得以前打過我？父母心裡一定想著：過去就算了。如果從生命結束的那一點來看，人生所有的一切都是過去就算了，這就是道家的思維。但這樣會不會變得消極呢？確實有很多人接觸道家思想後變得消極無為。但這正好中了陷阱，也是老子所要批判的存在上的虛無主義。老子批判這種虛無主義的目的，是要人活得真實，而什麼是真實？你現在的生命就是真實。譬如，花的生命很短暫，但我們不能否定它現在存在，它的存在有其理由。這就是老子思想的重點。宇宙萬物不管再微小，只要存在，就一定有它存在的理由。物理學告訴我們，拿掉一個粒子，宇宙就會有很大的變化，這就是蝴蝶效應。失之毫釐，謬以千里。但是，為什麼沒有這麼多複雜的情況出現呢？比如在教室裡，所有人都安靜，只有一個人講話，那麼聲音就很大。如果每一個人都講話，就無所謂。在餐廳吃飯，如果別人講話聲音很大，自然你講話聲音也大，場面就會變得很熱鬧，你聽不到別人說話，朋友也只聽得到你說話，這是一種方法，使干擾互相抵消。蝴蝶效應之所以不常出現，是因為大家互相干擾，最後大致上抵消得差不多，只有少數明顯可見。

老子的思想，源自時代的困境，他要為當時的人指出一條全新的路。而孔子、孟子的路比較落實，重視社會教育，從事政治改革。老子思想較為超越，是因為他看透一切，認為再怎麼努力改善，都是五十步笑百步。我們常說「天下分久必合，合久必分」，好像有一種規律，老子覺悟這種規律以後，決定不再執著。如果正處在合的階段，努力要分也無法分。如三國時代非分不可，到晉朝時又統一了。所以老子思想可以跳開人的世界，再從整體看一切變化，明白變化的規律之後，領悟了智慧，就知道如何活在人間才是上策，這是他基本的思想路線。

現代人在三十歲以前最好念儒家，四十歲以後最好念道家，中間有十年緩衝期，因為有些人比較早熟，有些人比較晚覺。所以，年輕時念儒家，把自我實現與社會發展結合在一起。到了四十歲，發現這個社會沒有公平正義，至少沒有你所想的公平正義，這時就要學道家。學道家可以看得比較透澈，不會常常執著在自己的情緒裡。五十歲以後學《易經》，因為《易經》讓你樂天知命。但是注解《老子》最有名的王弼（226-249），他只活了二十三歲，所以我講的是基本規則，天才不在此限。

有關《老子》的版本，一九七三年湖南長沙馬王堆出土了漢墓的帛書本，一九九三年湖北荊門郭店村「戰國楚墓」出土了竹簡本，但提供的資料太少，只有《老子》通行本的三分之一，無法鑑定《老子》很多重要的語句，但是帛書本《老子》就可以作為依據了。譬如，王弼的版本第一章是：「無名，天地之始；有名，萬物之母。故常無欲，以觀其妙；常有欲，以觀其徼。」因為古代的書沒有斷句，很容易讓後人爭議不休。很多人喜歡講「無」與「有」，老子其實不太談單獨的兩個字，莊子談的比較多。老子講的是，無名、有名，無欲、有欲。無名、有名針對人的思考能力；無欲、有欲針對人的欲望要求。人的生命有兩種基本需要，一方面要思考，一方面又有欲望，所以老子特別提到無名有名，又提到無欲有欲，然而這兩者同出一處而名稱不同，都可以稱作神奇，神奇之中還有神奇，那是一切奧妙的由來。所以《老子》第一章就具有關鍵意義，還好從帛書本《老子》可以得到證實，知道原文如何斷句。總之，我們先說明老子的思想背景，指出他針對存在上的虛無主義所提出的解決方案，是最具有革命性的。接著，就可以進入老子的思想天地了。

第二講：與儒家的三點差異

儒家與道家各擅勝場，兩者的主要差別在於：儒家以人為中心，道家以道為中心。孔子思想最有代表性的一句話是：「人能弘道，非道弘人。」（《論語・衛靈公》）他所謂的道，代表人生的理想，人生的正路，是靠人去弘揚，而不是由道來弘揚人的生命。一般人是「人不學，不知道」，沒有接受啟蒙，就無法明白人生的正路。儒家則認為只要真誠，就有力量由內而發，指點自己該怎麼做。孟子告訴曹交：「夫道若大路然，豈難知哉？人病不求耳。子歸而求之，有餘師。」（《孟子・告子下》）道像大馬路，怎麼會難找呢？你回家去找，老師多得很，亦即每個人都可以從內在找到生命的價值。相對於此，道家所謂的「道」，並不局限於人的世界。人的生命受到時代、社會、年齡的影響，如果只注意人的生命，那麼該以什麼樣的人為標準？有人說：「萬物都是為了人而存在」，那麼海底許多無名的生物和人類又有什麼關係呢？

不以「人」為中心的思考模式

人類生命的特色在於具有理性，具有「理解」能力，這個能力使人同萬物區分開來。萬物的存在，好像是為了準備讓人類出現；人類出現之後，因為有「理解」能力，所以使宇宙多了一個可以反省思考、選擇的頭腦。譬如，科學理論中的熱力學第二定律，表述熱力學過程的不可逆性，物質發展到最後，能量變成熱量，而熱量無法完全保存，或再次成為能量，慢慢失去效用，最後能量趨於疲乏，宇宙也走向死寂。這時該怎麼辦？法國哲學家德日進（Pierre Teilhard de Chardin SJ, 1881-1955）指出：宇宙持續發展，最後注定歸於沉寂，而人類出現之後，可以思考，也能為宇宙選擇未來的方向，所以人類存在的目的不只是為了人類，還要為整個宇宙找到方向，重新發展不同能源，讓宇宙永遠存活下去。這是西方的一套思想，也許大家不見得認同，但至少說明了在一百多億年的演化過程裡，人類的出現只是最近幾十萬年的事，並且和我們一樣的智人，大概只有兩、三萬年的歷史而已。宇宙好像突然出現了心智，有了思考能力，所以我們人類要為宇宙的未來找到方向。這是一張大藍圖，但能否完成這個理想呢？很難說。

從歷史發展來看，人類自相殘殺的情況愈來愈嚴重，目前地球上核彈的數量可以毀滅地球七次。人類的聰明才智勢必要調整方向，思考如何讓宇宙永續發展，人類的生命也得以維持下去。

儒家思想以人為中心，肯定人有向善的力量，但不可避免的是，人可能因利益而為惡，而為惡的力量似乎更大。如果依照儒家的想法，什麼時候才能達成正面的效果？知其不可而為之，結果還是不可。所以老子希望我們調整觀念，設法突破以人為中心的觀點去思考萬物，亦即要從萬物來看萬物。譬如，我說熊貓最可愛，那是人的觀點，熊貓可能不覺得自己可愛。人區分益蟲和害蟲，是以人為中心。又譬如花與葉子，花沒有葉子襯托不美；我們也可以倒過來欣賞葉子，用花來襯托它。道家思想的可貴之處，在於認清：只要排除人類的價值觀，就可以呈現萬物本身的價值；如果不能擺脫人類中心的想法，萬物的價值都將蒙上一層人類的觀點。

我常用「楚王失弓」的故事來說明儒家與道家的不同。楚國國君有一把天下聞名的寶弓，有一天打完獵卻不見了，四處都找不到。楚王說：「楚王失弓，楚人得之。」只要找到弓的是楚國人，就不必計較了。孔子聽到此事就說：「何必曰楚？人失弓，人得之。」不管如何，只要弓在人的手上，就不必計較了。老子聽到之後說：「何必曰人？失弓，得之。」不要說是誰失去、誰得到了，猴子、螞蟻得到了也不必計較。第一步，以楚國為中心的思考模式，人難免有國家意識，古代也一樣；第二步，儒家注意到人類的共同意識；第三步，要設法擴及萬物的層面，即一切都在宇宙裡面，這就是整體。以道家思想來說，一旦突破了以人為中心的想法，就會出現整體觀。以人為中心是強調社會性；如果突破以人為中心的思考模式，就會重視自然性。花是花，樹是樹，葉是葉，所有自然的一切，都有被欣賞的價值，也都有存在的價值。

以「道」代替「天」

老子思想的革命性在於以「道」代替「天」。「天」這個字有其歷史性，由「天子」一路傳下來，從夏朝、商朝到周朝。「道」這個字側重宇宙性，注意到整個宇宙，合時間與空間而言。原始儒家主張的是「天人合德」，而不是「天人合一」。「天人合一」來自「人與天一也」（《莊子•山木》）。人與自然界是一個整體。後來演變成「天人合一」一詞，意思是：天作為自然界，可以與人類形成一個整體。有些人以「天人合一」為中國文化的特色，這是有問題的。天如果是指自然界，那麼人死了之後，塵歸塵，土歸土，本來就會回歸於大自然，不需要任何修養與修行，最後都埋到土裡了。貓死了是天貓合一，狗死了是天狗合一，因為一切都在大自然裡。把天當作大自然，就沒有合不合一的問題。中國文化真正的特色，必須儒道分開來說。儒家講天人合德，因為儒家強調人性向善、擇善固執，最後止於至善。當德行達到完美程度，就像完成了上天交付的使命，孔子五十而知天命，所要求的是德行修養達到完美境界，要成為君子、聖人，即天人合德。「天人合德」在《易經・乾卦・文言傳》出現過：「夫大人者，與天地合其德。」這裡的「德」字是指天地有大生、廣生之德；在天地是「功能」，在大人則是「道德」。其次，天人合一也不是道家的最高境界，道家嚮往的是「與道冥合」，或者說是「與道合一」。亦即在了解整體以後，明白我這個個體回歸到整體中，好像一滴水滴到海裡，回到自己家鄉，不再有任何困難、障礙或煩惱。莊子說得更直接：「以道觀之，物無貴賤」（《莊子・秋水》）。從道來看萬物，萬物沒有貴賤之分。從人來看萬物，萬物當然有貴賤之分，花比草更可貴、黃金比石頭更可貴、鑽石比黃金更可貴、大官比小官更重要。這樣就區分為各種不同的價值，但都是人為的與相對的，這一切從道來看是一個整體。

道家強調「道不等於自然界」。如果道等於自然界，會出現兩個問題：第一，老子的書中有天地，又有萬物，如果道等於自然界，無異於說道等於天地萬物，那麼老子為什麼還要談道呢？老子不像是一個找麻煩的人，他說：「吾言甚易知，甚易行。天下莫能知，莫能行。」（《老子·第七十章》）所以他對於自己受到誤解也很無奈。我們讀古人的書，有時會覺得傷感。孔子公開說：沒有人了解我。為什麼呢？因為古人使用的語言不是日常生活的語言，今天要做什麼，明天要做什麼；他們說的是原理，人的生命該如何安頓的問題。第二，道不等於自然界，那麼道到底是什麼呢？簡單來說，它是自然界的根源，當然也是人類存在的來源。

明白道是一個整體，就會展現一種新境界，以西方的概念來說，稱為「密契主義」（Mysticism）。用西方哲學對照中國哲學，有可能扭曲中國哲學，對西方哲學也不好。「密契主義」一詞以前譯為「神祕主義」，但這個翻譯無法準確傳達它的意思。譬如我們說：「張三這人神祕兮兮的。」這句話有裝神弄鬼、予以否定的意味，也與密契主義毫無關係。密契主義有「整合」的用意。譬如一位佛教徒敲木魚唸經時，可能會有二、三十分鐘忘了自己是誰，這就代表他進入了密契境界。人的生命以「自我」為核心，有「自我」就有「非我」，自我與非我始終處在對立之中。所以人只要區分「這是我的」，那麼「不是我的」範圍一定更廣，「屬於我的」一定很少，我和所有人比起來永遠是不夠的，這是個壓力。所以，如果進入密契境界，就會從整體來看，就等於你和對象合而為一。

密契主義有四點特色：第一，不可說，亦即說不清楚。我們平常使用語言表達時，是在相對的情況，譬如一朵花，這朵花與我相對，我可以形容它；如果這朵花與我合在一起，如何形容？蘇東坡說：「不識廬山真面目，只緣身在此山中」，既然說不清楚，語言就失去效果；第二，暫現性，短暫出現。人不可能長時間處在忘我境界，大約三十分鐘，兩小時是極限；第三，被動性，不能加以操縱。如果可以操作，就變成人為的，而不是正常的密契經驗；第四，再現一種生命力，也就是鼓動生命力，活得更有勁。密契經驗使人回到能源的基礎，生命取得能量之後，就有勇氣再出發了。所以人在經歷密契經驗之後，會覺得生命又有新的力量。道家思想到了莊子，表現特別明顯，他要與道為友，經常回到能源的基礎，使生命取得力量，可以逍遙自在。一般人以為道家思想是消極、無為、不爭的，這只說明人與人之間是相對的，不必要爭；但是後面有個道做基礎，境界就不同了。

我們要記得，道是一個整體，宇宙萬物都在這個整體裡面，從未離開過。西方哲學討論萬物的來源時，有兩個不同的立場：一是創造論，由神創造萬物；二是流衍論，從神那裡把萬物給流衍出來。有一個形容詞叫「滿而溢」，滿了之後就會溢出來；如同陽光，本身豐盛的亮光可以照亮整個宇宙。這兩種不同的解釋都是為了回應：人類的生命是怎麼來的？人應該如何安排生活？如果以中國哲學來對照，創造論比較偏向儒家，《詩經》說：「天生烝民，有物有則，民之秉彝，好是懿德。」天生育眾多百姓，有事物就有法則。百姓保持常性，所以愛好美德。儒家以這句話作為標準，《孟子・告子上》引述《詩經》這句話，接著說：「孔子曰：『為此詩者，其知道乎！』故有物必有則，民之秉彝也，故好是懿德。」孔子認為這首詩的作者懂得人生正途啊！儒家講人性向善，是說真誠會引發力量，使人由內而發去行善。因此，人活在世界上應該行善避惡，最後止於至善，在過程中壓力很大。行善涉及客觀條件能不能配合，或者相對的人有沒有好的回應，人與人之間的誤會能否消除等。至於道家，則認為宇宙萬物都是從道而來，最後再回歸於道，老子說「反者道之動」（《老子‧第四十章》），反就是回歸，道的運作是讓萬物出現，最後又回歸於道。如果把它想像成一個整體，則裡面的力量不斷流動，即使流出來也是為了再回去。這就是為什麼儒家講行善，道家則不願意再講行善，因為如果一切從道而來，最後又回歸於道，那麼談善惡的意義何在？善惡的前提是自由，我們可以問：人有自由嗎？這是一個大問題。

哲學必須要面對人有沒有自由的問題。什麼是自由？自由是一種完全沒有限制的狀態嗎？或者自由來自我的本性中某種引導的力量？這是兩種不同的解釋。法國哲學家沙特和卡繆先後得到諾貝爾文學獎，兩人都念哲學，學識與口才都好。一九四〇年希特勒占領法國期間，他們在巴黎主編地下抗德報紙。有一天，兩人在咖啡館裡辯論：人有沒有絕對的自由？沙特主張有，卡繆主張沒有，誰也不服誰。後來卡繆問沙特：「如果人有絕對自由，那麼你能不能檢舉我，說我是抗德份子？」沙特沉吟良久，最後說：「我不能。」卡繆說：「因此，人沒有絕對自由。」什麼是自由？這個問題並未解決。我們只是從這個辯論中了解，人沒有絕對自由，關鍵是「絕對自由」四字是一個矛盾的概念。開車有沒有絕對自由？車子總要走在路上，如果開車有絕對自由而能用飛的，那就完全離開「開車」這個概念。自由代表一個主體，可以思考，可以選擇，有很多選項，但不是漫無標準、毫無邊際。譬如，我有三個選擇，從中擇一，這就是人的自由。如果我有無限的選擇，那就沒辦法思考自由是怎麼一回事。例如我的手能自由揮動，表示我有自由；但如果我離牆壁很遠，就必須跑到牆壁旁邊，手才能自由拍打牆壁。宇宙萬物一環扣一環，很多環節我們並不知道，今天為什麼會說這句話？為什麼會做這件事？從開始就已經決定了，人所能夠選擇的，往往是很小的一部分，但通常我們會以為自己有自由。

與老子思想最接近的西方哲學家，是近代的史賓諾莎（Baruch Spinoza, 1632-1677）。他是笛卡兒（René Descartes, 1596-1650）之後理性主義的重要人物。史賓諾莎是猶太人，猶太人是典型的創造論者，他們相信上帝創造人類，所以人類要順從上帝的旨意。他受笛卡兒影響，認為人應該使用理性去了解什麼是上帝，最後他論斷說，上帝如果存在，應該是唯一的，那麼這個世界在上帝之內呢？還是在上帝之外？這問題無法回答。世界如果在上帝之外，世界對上帝就構成限制；世界如果在上帝之內，世界與上帝就無法區分，成為泛神論了。泛神論肯定萬物是神，神是萬物。史賓諾莎二十三歲時提出此一思想，立刻受到壓制。二十四歲時，猶太教的長老要他放棄這個想法，並付給他終生俸，想收買他；但史賓諾莎選擇服從真理，服從良心，寧可被開除教籍。猶太人本來人數就少，被猶太教開除更是走投無路。他住在荷蘭，一個人獨居，以磨鏡片為生，專心寫作與研究，出版一本名為《倫理學》的書，不過內容卻是探討形上學的。後來，德國海德堡大學請他擔任講座，他只想了幾分鐘：「我現在的生活已經很好了，為什麼要改變呢？」就拒絕了。他很了解自己要什麼，改變代表不可預測，改變之後會更好嗎？沒有人知道。世間再好的榮譽與聲望，在他看來，都在一個整體裡面，根本不算什麼，何必在意呢？

史賓諾莎認為宇宙是一個整體，所有的一切都在裡面。他很清楚地宣稱，人以為自己自由，其實並不自由；他也說，人的自由來自於人的本性之必然性。必然性有先天的和後天的，內在的和外在的。內在的必然性是人與生俱來的基因，構成一種內在的必然性。對於前因有充分了解，就知道後續結果會如何發展。我們必須承認，沒有人可以擺脫內在的必然性。我們從小念書，講的是中文，我們的思想裡就有中文的觀念，如強調孝順父母、光宗耀祖等。和外國人談這些，他們聽不太懂，也不知道原因。每一個人的生命裡都有內在的必然性，但這並不妨礙人的自由，因為外在的必然性是不存在的。我們可以排除外在因素的控制，如大學的講座對史賓諾莎而言就是外在因素，他可以排除，有拒絕的自由。但身為猶太人，則是他內在的必然性，他無法擺脫這對他思考所產生的基本影響。

西方哲學家的理論在遇到問題時，可以延伸出許多概念，這些概念可以把理論講得更完整，以減輕問題的分量，但仍不能得到根本的解決。如果你問：「道」為什麼要產生萬物？道無法擬人化而與你對談。西方人則把上帝看成和人一樣具有位格，可以思考，有意志，也有感情，所以他們問，上帝為什麼要造人？和中國人說的「人窮則呼天，痛則呼父母」，是類似的想法。基督徒問上帝，到底我做錯了什麼，你給我這些折磨？最後，他們得到的答案和孟子所說的差不多：「天將降大任於是人也，必先苦其心志，勞其筋骨，餓其體膚，空乏其身，行拂亂其所為，所以動心忍性，增益其所不能。」（《孟子‧告子下》）所以，孟子的天和西方的上帝有類似的能力和作用。老子的道與史賓諾莎的泛神論觀念比較接近，道家的觀念是要讓你覺悟道是一個整體，由此可以讓你一生逍遙自在。有關老子的生平資料較少，而莊子的實際生活狀況就比較多了，他過著貧困的生活，但是比任何人都快樂。所以外在可見的苦樂、窮通，對內在自我沒有什麼影響。莊子設法說明：人間的榮華富貴，表面看起來會讓人快樂，其實可能帶來痛苦；相反的，人間看起來的委屈、無奈，卻可以轉成積極的逍遙自在，這就是道家精采的地方。史賓諾莎也有類似想法，人因為了解而可以不受限制，最怕的是不知道自己受什麼因素所控制。譬如，喜歡名利卻不自知，還以為自己做的事都對，有人鼓勵就去做，結果和預期不同就很難過，到最後變成一個鎖鏈，一環扣一環。盧梭說：「人類生而自由，但到處都是枷鎖。」所以，從道來看萬物，亦即從整體來看，沒有一個個體是完全自由的，而是在整體裡互相限制，互相約束；但了解這種限制的因素和來龍去脈，就可以得到解脫。這是道家的智慧所在。

以德報怨：包容一切

儒家強調的是德行修養，要立志成為君子。孔子每隔十年都提升到不同的境界：「三十而立，四十而不惑，五十而知天命」（《論語・為政》）。道家沒有修行問題，它講的修行你聽了也沒用，它考慮的是門檻問題。天下只有兩種人，跨過去的和沒跨過去的，而大多數人沒跨過去。老子說：「天下莫能知，莫能行。」跨過去的少數人所講的話，我們聽不太懂，他們的生命境界和我們距離太遠了。我們對老子的生平了解不多，只知道他活在亂世。他反對戰爭，甚至說：「戰勝以喪禮處之。」（《老子・第三十一章》），這也是老子對亂世的一種反省。《論語・憲問》中有一段話源於老子，或曰：「以德報怨，何如？」子曰：「何以報德？以直報怨，以德報德。」老子的意思是，別人對你有怨恨，要用德行來善待他。理由是「和大怨，必有餘怨。」（《老子・第七十九章》）兩個人有很深的仇怨，和解之後還會剩下小仇恨。所以不要只是和解，還要用善意來對待他。但是孔子不以為然，他認為人際相處要看對象，以德報德，你對我好，我對你也好；然後以直報怨，直代表什麼？真誠而正直，有話直說，逾越了際，只好法庭相見，因為法律也代表某種正義。人只有兩種要求：仁愛與正義。儒家思想側重於正義，希望善惡都有適當報應。道家思想比較偏向仁愛，願意包容一切，所以老子喜歡把道當成母親，母親對於子女是全然的包容。父親的意象代表正義的要求，猶太教、基督宗教、伊斯蘭教都以父親意象為主，要求正義。東方宗教比較偏向母性角色，如印度教、佛教、道教，都特別注重慈悲這一面。

既然是道生出萬物，萬物又回歸於道，那麼天下大亂是道要負責，還是人類要負責？在老子來看，是人類要負責，因為道創造的萬物中，如果沒有人類，宇宙只是生態平衡。但是沒有人類的話，宇宙也沒有意義可言。什麼是意義？意義是理解的可能性。人類出現之後，具有理性，他的要求理解就使意義得以產生，如果沒有理解能力，就沒有意義問題，而只有存在而已，不會出現存在是為了什麼的問題，所以人類的理性思維是老子所重視的，但他並不重視讀書，他說：「為學日益，為道日損，損之又損，以至於無為。」（《老子・第四十八章》）莊子說得更直接：「吾生也有涯，而知也無涯。以有涯隨無涯，殆已！」（《莊子・養生主》）生命是有限的，知識是無限的。人類出現之後，出現了理智，理智的本能就是要理解，由此才出現各種意義的問題。道家屬於智慧學派，從人類理性基本的要求出發，設法把理性功能從低處往高處提升，最後抵達智慧。這是稍後要進一步討論的。

老子思想和西方的泛神論很接近，但不完全一樣。泛神論的缺點是把萬物等同於神，把神等同於萬物，這樣的神缺乏超越性。什麼是超越性？西方學者常會討論：上帝創造了萬物之後，上帝在萬物裡面還是外面？如果上帝在萬物裡面，那不是泛神論嗎？所以他們強調上帝與萬物還是有差別的。千萬不要小看「差別」這兩個字，多少西方學者就靠強調這兩個字，才免於被火燒死，因為泛神論違背他們的宗教原則，要接受宗教審判。十二世紀以後的宗教法庭非常恐怖，用宗教名義批評別人是異端，就可以把人燒死，聖女貞德就是其一，歷史上很多聰明的女性都被當成女巫燒死。因此，若要保護自己，必須說：「神在萬物裡面，但是神和萬物還是有所差別。」如此可以保障神的超越性，這個人就能活命。超越性與內存性（內在性）不一樣。譬如，我說：「這朵花是玫瑰花。」在此，「玫瑰花」一詞不受限制，它除了在這朵花裡面，也在很多別的玫瑰花裡面，所以我說「玫瑰花」時，並不代表只有這一朵是玫瑰花。我們要從這種方式開始，去設法理解西方人的思考模式。如果有人說「這朵花是玫瑰花，玫瑰花是這朵花」，因為A等於B，好像可以對調說B等於A，這樣講就不對了，在語言邏輯上也行不通。這朵花是玫瑰花，但不能說玫瑰花是這朵花，因為別的地方還有玫瑰花。所以「玫瑰花」在此有其超越性，顯示了普遍性，能用在每一朵玫瑰花上；同時「玫瑰花」也有其內存性，因為這真的是一朵玫瑰花。

回到道家思想，道在哪裡？道無所不在，桌子有道，椅子有道，但並不代表桌子是道，椅子是道。所以道在這裡，不代表道被它限制，這就是超越性。了解超越性之後，就知道什麼是變化，什麼是變化背後的真實。宇宙萬物充滿變化，沒有任何一剎那是停下來的，相對於此，人的概念是靜止的。一個孩子出生，第一件事是要取名字，因為名字是一輩子不變的，孩子每天都在變，如果不使用名字，根本無法找到這個人。同樣，道在萬物裡，任何地方都有道，如果沒有道，萬物不能存在。但是，道不等於萬物，萬物消失之後，道不受任何影響，這即是道的超越性。這是了解道家的關鍵。道同時具備超越性以及內存性。宇宙萬物任何地方都有道，因而才能欣賞萬物之美。道家為什麼喜歡講美感？因為宇宙萬物都有道，任何一朵花，一片葉子，都可以讓你看到道的力量在表現，但是道又不只在這裡，道也可以超越這一切，否則道就跟著萬物一起消失了。明白這個觀念，就知道西方學者何以特別推崇道家了。

第三講：從認知提升到智慧

從認知提升到智慧，是老子思想的重要觀念，《老子》共八十一章，其中沒有明確的系統，所以要設法找出線索來加以說明。

作為萬物之靈，人的認知能力與其他生物不同。其他生物的感覺能力遠超過人，而人最可貴的是理性，使我們可以認知與思考。思想的內容是各種不同的概念，概念以「一」來統「多」。對動物來說，每樣東西都是特別的，全憑感覺掌握當下。人類不一樣，欣賞風景之後可以寫一篇文章，描寫風景之餘，還可以寫出內心感受，使文章看起來很有趣味。

理性能力如何運作呢？人的理性跨過了「反省的門檻」，可以反省自己、意識到自己，展現「自我意識」。具有自我意識，是人類生命最微妙的特色。人知道我是我，不是別人，這就是反省的能力。一隻狗在吃飯，狗知道自己在吃飯，到此為止。一個人在吃飯，人知道自己在吃飯，並且知道他知道自己在吃飯，所以才有餐桌禮儀，例如，吃飯時要請父母先吃。自我意識浮現之後，可以跳開自己來觀察自我的情況，然後做理性的思考，進而深思熟慮。

以知為區分

一個人有認知能力，才能存活下去。小時候在幼稚園看圖識字，看到貓、狗，知道是寵物，人類的朋友；看到獅子、老虎、鱷魚，知道是猛獸。但到了動物園立刻知道這些是活生生的動物。沒有兩隻老虎是一樣的，但人類可以了解老虎有什麼共同特性；沒有兩個人是一樣的，每個人都有人性，但人性的演變就非常複雜了。動物也會演變，老虎有的比較兇狠，有的比較馴良，但只要是老虎都會咬人，飢餓了尤其如此。而有些人寧願餓死，也不願意吃對他不禮貌的人所提供的食物，所謂「不食嗟來之食」。由此可見，人的生命特色要從他的認知能力說起。

每一種生物都因本能上具有某種優勢，才能存活。人類要想安全活下去，就必須區分有益的、有害的。但是利之所在，弊亦隨之，因為區分之後就會產生欲望，這是千古不變的道理。欲望會造成各種困擾，如僧多粥少，必定競爭，而競爭往往兩敗俱傷，甚至各種的困擾統統出現。老子了解認知的相對性，他說：「五色令人目盲，五音令人耳聾，五味令人口爽，馳騁畋獵令人心發狂。」（《老子・第十二章》）老子看得很清楚，人的問題是因為力量分散在時間空間裡，生活行程從早到晚排得滿滿的，一下見這人一下見那人，最後都不知道自己是誰了，只剩下一堆符號，總經理、董事長、老師等等。

老子對於社會上所形成的各種區分深具戒心。他喜歡單純，能夠一個人做的事，不要麻煩兩個人；吃一樣菜就飽了，不要吃兩樣菜。變得單純，心思就不受干擾，可以節省很多力氣。老子強調活得長久，還要活得健康，要做到這些，只有學習收斂自己，讓生命不要向外發散，以免表面看起來很熱鬧，而內在的能量已慢慢耗盡了。

人類社會的價值觀是相對的，老子說：「天下皆知美之為美，斯惡已。」（《老子・第二章》）「惡」是「醜」的意思，天下人都知道這樣叫作美，那麼醜就出現了。最明顯的是選美比賽，首先設定美的標準，合乎這個標準的稱為美女，不合乎的就是醜女。有位藝人唱了一首歌，「我很醜，可是我很溫柔」，聽到他說自己醜，大家覺得比較安慰，但後面那句「我很溫柔」，使得大家都不敢說自己很溫柔，言下之意就是自己很醜了，這種觀念是社會風氣所影響的。兩種特質其實不同，美人可以溫柔，醜人也可以溫柔，其間沒有排斥性，把美醜同溫柔連在一起，情況就複雜了。

老子說：「天下皆知善之為善，斯不善已。」（《老子・第二章》）天下人都知道這是善，不善就出來了。譬如，我宣布張三是善人，他每年捐一百萬給孤兒院，所以他是善人。很多人沒有一百萬就不能成為善人嗎？這樣不是剝奪人行善的權利嗎？這是外在的標準，否定了內在的選擇。所以，老子強調社會所設定的是一個相對的價值標準，不管它的目的是什麼，都會造成困擾、競爭與各種複雜的欲望。他說：「不尚賢，使民不爭」（《老子‧第三章》），不推崇誰是傑出的人才，百姓就不會相爭。譬如，漢朝舉孝廉，推舉孝順廉潔的人出來做官，就造成競爭。莊子說過一個故事：演門有一個人在父母過世之後，傷心得形銷骨立，官府認為他是良好的示範，於是讓他做官。後來全村的人都跟他學，結果死了一半的人。寓言故事不見得是真的，但凸顯了人性的脆弱與多欲。老子也說：「不貴難得之貨，使民不為盜」（《老子‧第三章》），一塊寶石，如果不去特別推崇，百姓就不會想當強盜。電影常有搶劫銀行、賭場、稀世珍寶、名畫等情節，正是因為裡面有難得之物，大家都認為它貴重，自然就成為覬覦的對象。「不見可欲，使民心不亂」（《老子‧第三章》），不要展現可欲的東西，百姓的心就不會惑亂。

他還說：「法令滋章，盜賊多有」（《老子‧第五十七章》），強盜為什麼那麼多？因為法令太多了，人很容易就陷入法網；法令愈多，漏洞愈多，於是很多強盜就出現了。因此老子認為如果沒有法律，反而沒有人會成為強盜，因為沒有人知道什麼是好壞的標準。構成競爭激烈的重點大學，也是一個例子。在教育界多年，知道重要的不是學生入學時的表現，而是畢業時學到什麼。重要的是結果，而不是進了什麼名校，那反而造成不必要的困擾。

以知為避難

老子分析人的認知，第一步是為了生存，所以需要區分；區分之後，就有欲望；欲望產生，就會造成困擾。這是左右為難，所以要往上提升，因認知而能避開災難。我們都知道句踐復國的故事，句踐臥薪嘗膽，最終成功了。而協助他復國的范蠡、文種，下場卻不同。范蠡帶著西施遠走他鄉，他知道句踐可以共患難，但不能共富貴。文種繼續當大官，最後死於非命。「狡兔死，走狗烹；飛鳥盡，良弓藏。」（《史記‧越王句踐世家》）如果讀過老子，就知道他教你功成身退，可以避開災難。他很喜歡講的是知足，「知足不辱，知止不殆」（《老子・第四十四章》），知道滿足了，就不會受侮辱，知道停下來，就不會有危險。他說「禍莫大於不知足，咎莫大於欲得」（《老子・第四十六章》），最大的災禍就是不知足。其實人活在世界上，要過一個知足的生活並不難，只要約束自己，到此為止就好了。還想得到什麼東西，就會出現「咎」，亦即災難或別人的責怪，這些都來自於不知足。

老子說要使百姓「無知無欲」（《老子・第三章》），因為沒有知就不會有欲。老子第一章很重要，如果能念懂，就能掌握老子的思想。無知就是要人化解對名的執著，因為人的認知是用概念（名）去思考，自然會對名所指涉的人為價值產生執著；無欲就是不執著什麼欲望。百姓無知無欲，就能過得自在，沒有什麼困擾。所以，避開災難可以參考歷史經驗作為對照。譬如，看到別人受苦，就要問他為什麼受苦？也許他的生活已經不錯了，卻還要投資，結果投資失敗。什麼地方會有災難？當然是大家都想要的東西、位置、成就，加入爭奪就有災難，這實在是無可奈何的事情。

很多人讀老子只懂得區分會帶來災難，若要從區分提升到避難，就比較不容易了。「知其雄，守其雌；知其榮，守其辱；知其白，守其黑」（《老子‧第二十八章》），雄代表站上檯面，雌代表我知道如何站上檯面，但選擇站在檯面下；我知道什麼是榮耀，但我隱藏在屈辱裡面；我知道什麼是白，也就是顯揚出來，但我守在黑的地方，因為一冒出來，就會成為別人鬥爭的對象。我們在社會上生存，人與人相處的許多花招就是從老子思想衍生而來的。你要拿一樣東西，就要先給出去，「將欲取之，必先與之」（《老子‧第三十六章》），我女兒的星座與我的相同，喜歡的東西差不多。她小時候，看我喜歡什麼她也想要什麼。學了老子之後，我喜歡一樣東西，就先說我不喜歡，給妳吧！她說，你不喜歡的我才不要，然後東西就順利到我手上了。這社會許多事情豈不一樣？

老子能看到全面的發展。你的目的是什麼，中間的手段如何，要想得完整一點。這聽起來有點深沉，但並非老子的目的，他只是提醒人要活得平安快樂，就一定要懂得避難，因為福與禍相生相倚。「禍兮福之所倚，福兮禍之所伏」（《老子‧第五十八章》），福底下藏著禍，禍旁邊靠著福；受過痛苦災難之後，就很容易快樂，因為苦盡甘來；如果享福過多，小心災禍會接踵而來。「塞翁失馬，焉知非福」的寓言是老子思想頗具代表性的注解。馬是貴重的財產，塞上有個老翁的馬走失了，鄰居跑來安慰他，老翁就說：「你怎麼知道這不是好事呢？」隔了幾天，這匹馬帶了一群野馬回來，鄰居見狀跑來道賀，老翁說：「你怎麼知道這不是壞事呢？」隔了一段時間，他的兒子騎野馬摔下來斷了一條腿，鄰居又跑來安慰，老翁說：「你怎麼知道這不是好事呢？」隔了一段時間，發生了戰爭，他兒子因為摔斷腿不用去當兵。

我們要問兩個問題，第一，誰是那個鄰居呢？我們就是那個鄰居，總是看表面，看到別人發財就羨慕，看到別人倒楣就同情。第二，誰是那個老翁呢？就是老子。他和一般人不一樣，會從正反兩面看待同一個問題，無論別人羨慕他還是同情他，他總認為後續還有其他發展。在生命結束之前，福和禍不能下定論，這出自於老子的整體觀。

學習道家最難的一點，就是要領悟整體觀，目前只要能做到對於一時的成敗得失不要太在意，就算不錯了。

以知為啟明

《莊子》書中描寫了幾位美女，其中有一位名叫麗姬，她父親是晉國邊疆的守衛官。有一次晉國國君巡視邊疆看到這麼美的女子，就要把她帶回宮裡，麗姬捨不得離開父母，哭得眼淚沾濕了衣襟。可是當她跟著大王回到宮中，每日一起享用山珍海味，睡在寬大舒適的床上，這才發覺當初的哭泣實在沒有必要。莊子進一步解釋，對一般人而言，死亡是最大的災禍，但也許死了之後才體會到前所未有的快樂，早知道就不必擔心死亡了。這就是為什麼我們講老莊思想時，要提醒年輕人不可斷章取義或以偏概全。莊子講這個故事是為了說明：沒有人知道死後的情況如何，所以沒必要過於擔憂人間的災難或死亡，沒必要增加自己情緒上的困擾。

要了解一個人，不能只看表面，必須靜下心來，掌握他的來龍去脈，這時候一定要閉上眼睛，讓心思明亮起來。所謂啟明，就是從整體的角度來看。「明」這個字在《老子》介紹過五次，我舉比較具體的來說明。第一，「知常曰明」（《老子・第十六章》）。常是永恆，也是平常，能了解永恆的、平常的狀況，叫作明。一般人只了解變化的東西，若能體悟什麼是不變的，就代表覺悟了。什麼是不變的？道是不變的，自然界的規則是不變的。第二，「見小曰明」（《老子・第五十二章》）。能看到細節或小地方，才是真的覺悟了。若能以前我住在學校宿舍，老師檢查內務都是看角落，看大家不注意的細節。若能注意細節，其他的就不會有什麼問題了。認識一個人，不要只看外表或頭銜，要留意小動作，由小見大，就叫作見小曰明。第三，「知人者智，自知者明」（《老子・第三十三章》）。了解自己叫作明，了解別人叫作智。智就是明智，了解別人，代表我很精明，但重要的是了解自己。蘇格拉底喜歡引用戴爾菲神殿上的一句話——「認識你自己」。很多心理醫生這麼詢問病人：你了解自己要什麼嗎？你所要的如果真是你要的，當然沒問題，也無關好壞，但通常我們都是受別人影響，以致於根本不知道自己要什麼。英國作家王爾德有句名言：人生只有兩種悲劇，一種是得不到我所要的，另一種是得到我所要的，得到了之後才發現和原本預想的不同。

時至今日，這個問題仍值得我們深思，人不能什麼都要，所以必須做選擇，也必須放棄很多選項，如果選擇的正好是你所要的，就心安理得而感到愉悅；如果你比別人更努力奮鬥，最後得到的卻不是自己所要的，又怎麼會開心呢？就像歌德所寫的，浮士德與魔鬼做交易，只要魔鬼能滿足浮士德，浮士德就把靈魂給他，但到了最後，浮士德發現他要的是幫助別人，在幫助別人的過程裡才能得到快樂。這和老子的想法可以契合，通常我們都會希望從別人那裡得到什麼，可是得到的愈多，愈發現自己的不足，等到哪一天覺得夠了，可以開始付出了，也表示擁有了自己想要的東西。

老子的「自知者明」和「不自見故明」是一樣的意思，不認為自己看到的都是對的，以及了解自己的情況，都叫作明，代表沒有執著。莊子喜歡用鏡子做比喻，人的心像一面鏡子，鏡子只要是乾淨的，上面沒有任何灰塵，就能照見真相，也就是照出原形。通常我們看不清一個人，是因為我們自己的心思也不單純。鏡子布滿灰塵，照見什麼都是模模糊糊的。

如何修練到「明」的境界呢？老子提出兩個方法，第一是虛，第二是靜。

老子強調「虛其心，實其腹」（《老子・第三章》），肚子盡量吃飽，但是內心最好單純，虛不是空虛，而是指單純，一點都不複雜。接著說「弱其志，強其骨」（《老子・第三章》），心志最好減弱些，但身體筋骨要強壯。「虛」這個字在《莊子》發揮得更透澈，「虛室生白」，空虛的房間會顯得亮光，要是房間堆了很多東西，無論光線再怎麼亮，仍舊會有陰影。我們的心也是一樣，要能「復歸於嬰兒」（《老子・第二十八章》），小孩子的心思很單純，只要看到母親就很開心，只要看到牛奶瓶就很快樂，沒有什麼別的念頭或欲望。人愈長大，煩惱愈多，但是到了退休之後又反璞歸真了。人退休之後，回首平生，會發現其實很多煩惱是不必要的。但是不管必不必要，生活還是要過的，如果你沒有自己的理念，只是把不必要的東西去除，怎麼生活下去呢？所以老子的意思是，虛其心之後不是讓它空無了，而是要換上一種不同的內容，稱為道。讓內心覺悟自己與道在一起，這樣就不再有所欠缺。

儒家與道家有些類似的觀念，孟子說：「萬物皆備於我矣，反身而誠，樂莫大焉。」（《孟子・盡心上》）「萬物皆備於我」的意思不能光從字面上來看，而是要反向思考，意指萬物在我這裡都齊備了，我基本上不需要萬物，然後自我反省，發現自己做到了真誠，那麼內心的快樂是無法比擬的。在道家方面，莊子的快樂，是讓心可以與道結合，只要心的虛達到極致，道就會顯現在其中。道家喜歡把道比喻成光明，光明代表智慧的覺悟。這種光明是內在的，老子喜歡說「光而不耀」，有光但是不要刺眼，老子又說「和其光，同其塵」（《老子・第四章》）。在團體之中，若自身的光芒太耀眼，很容易成為別人對付的對象，因而要懂得收斂，要能夠混同塵垢，別人身上都是灰，你也稍微沾染一點，若是完全乾淨，別人就把你給排除了，說不定會招致危險。所以和光同塵，就是了解外在的環境，尊重其他人的情況。

老子說：「善人者，不善人之師；不善人者，善人之資。」（《老子・第二十七章》）我們現在常說的「師資」，就是來自於此。我是善人，我能教不善的人；不善的人則是善人的鏡子，因為看到不善的人，才知道自己要多加警惕。「資」也可以當「憑藉」來說，沒有不善的人，怎麼知道自己是善人呢？所以不能說我是好人，壞人與我無關。在老子眼中，沒有好人壞人，因為好壞是相對的，善跟不善亦是。許多人行善，是因為條件配合得好，譬如，富人可以捐錢行善，就被稱為善人；有些人沒有餘錢可捐，並不代表他不善。對於善與惡，不能光從表面來判斷。

有些人長得美，有些人長得醜，那是父母給的容貌。但美醜是表面的，會隨著判斷者的標準而改變，況且現在被認為美的人，就真能持續下去嗎？等到老了、病了，醜了，這個時候就要看得開，從外面回到內在。如果沒有內在的覺悟或德行修養，外表的美反而會造成負面的判斷。老子認為，從整體來看，美醜善惡都是相對的，既然是相對的，就不必執著。莊子也說，從道來看萬物，萬物沒有貴賤之分；從萬物各自來看，都是自貴而相賤。花認為自己漂亮，草不好看；草呢？卻覺得樹木不好看，美的判定都是以自己為標準。莊子曾問，什麼是真正好看的顏色、好看的人呢？美女走到河邊，魚看到都游走了，燕子看到都飛走了，所以人類認為美的，在其他生物看來未必如此。道家不以人為中心，因為人的價值觀只適合人類社會，離開人類社會，根本一無是處，只是在求生存而已。

明白了知的三個階段，「區分，避難，啟明」，現在出現另一個問題：它們之間有什麼關係？愈了解區分就能更懂得避難嗎？這不是連續性的發展，不是了解一百種區分，就懂得避難；知道一百種避難方法，就啟明了。三者中間是一個跳躍。我們小時候活在一個區分的世界裡，什麼都要跟別人比，功課、才藝，甚至是用具，都要跟別人比較，這就是區分。後來你發現樣樣都勝過別人不好，別人會把你當目標來對付，所以才開始懂得避難。老子說：「聖人被褐懷玉」（《老子‧第七十章》），聖人身穿粗糙的衣服，懷裡揣著美玉，表示有真才實學。如果披著錦繡衣，手中拿著寶玉，就糟糕了，會變成「慢藏誨盜」（《易經‧繫辭上》），東西沒有藏好，財露白了，等於是叫別人來行搶；下一句講女性「冶容誨淫」，形容女孩子把自己打扮得很妖豔，衣著太暴露，容易引起壞人的邪心。任何事情的發生，只要是相關的，就難免有某種程度的責任。

有人說儒家重視陽剛，道家重視陰柔，這不是沒有道理。陽剛代表要求正義，學習儒家思想就要收斂自己，修身養性，遵守禮儀與法律，好好過一生；

並且真誠可以從內心引發力量去行善，使人孕生內在的快樂。道家比較偏向陰柔，老子說「柔弱勝剛強」（《老子・第三十六章》），一棵樹非常挺直，站得很穩，可是颳大風的時候，它卻是第一個被吹倒的，為什麼？因為它不肯彎曲；反之，大風吹來，柳樹隨之搖曳，完全不必擔心會被吹折。莊子說得更有趣，大風來的時候，可以把屋頂都掀掉，但是勝不過他的一根指頭，因為指頭有關節，可屈可伸。老子也多次用水、嬰兒、母親做比喻，他認為水是最柔弱的，「上善若水」（《老子・第八章》），最高的善就像水一樣，水不與萬物相爭，又主動流往低處。柔弱勝剛強，代表最好有柔軟度可以調節，不需要硬碰硬，以免很多事情流於意氣之爭，造成不必要的麻煩。由此可以歸納出，儒家強調人要正面修練生命的各種條件；道家則偏向順應一切。

老子認為人間的問題在於人的認知能力。認知能力出了問題，會導致無法想像的災難，因此人要設法由區分之知提升到避難之知，再從避難之知提升到啟明之知。追求虛要達到極點，虛到最後沒有內在的執著，完全放空之後，看任何東西都很清楚。虛之後，還要靜。人是動物，需要活動，但很少有人在活動的時候可以思考，試想，你能夠一邊慢跑一邊思考嗎？想必很容易摔跤。希臘哲學初始之際，主要興趣在於研究宇宙的根源何在，第一位哲學家泰勒斯每天都在觀察天文與星象，有一次他讓一個侍女提著燈籠跟在後面，他則專心抬頭望天，怎料卻不小心掉到淺井中，他的侍女就笑他：「我們的主人，連地上都沒看清楚，居然想去看天上。」這是一則他的趣聞。但是他很有本事。朋友勸他從事賺錢的工作，他半年就搞定了。橄欖油在希臘是重要的產業，他花了一段時間研究，發現某一年的橄欖會豐收，於是他提早把所有的榨油設備都租下來，再高價轉租給需要使用的人，這麼一來一往，把一輩子的錢都賺到了，他說我現在可以好好研究哲學了。

靜下來之後才能明，莊子說，水靜下來，就顯得明亮，何況是人呢？人的心靜下來，看任何東西都很透澈。老子提到聖人修行的過程，就是虛與靜二字。

哲學是對人生經驗做全面的反省，所以第一步要研究邏輯，亦即思考方法以及認識理論，就是人能夠認識什麼東西，又能認識到什麼程度。第二步要研究形上學，探討一切變化的背後有沒有究竟真實。我在解說老子時就是用《究竟真實》為書名。永遠不變、不受干擾的就稱為道。老子莊子的哲學，在形上學的層面，有很多看法可以同西方最高層次的哲學家並列。最後一步，要研究倫理學，就是如何把形上學應用在生活中，畢竟人在人群中生活，總要行善避惡，要分辨怎麼與別人來往，善惡怎麼界定，善惡的理由是什麼等等，這就是倫理學。

道家思想中的「知」，有點像知識論，就是透過知的三個層次，最後直接掌握道，從道這個層面去了解萬物，才可悟得智慧。道家也教我們做人處事，原則是全身保真，一生平安度日，保有真正的自我。這就是研究道家的目的所在。

主題二：道的深刻意義

第一講：道是什麼？

老子是道家的創始者，他對「道」的看法當然是核心的觀念。如果我們能夠正確理解「道」概念，對於兩千多年來中國文化受道家影響的部分，將會有特別的領悟。

《老子》提到關於道的部分主要有六章：第一章、第四章、第十四章、第二十一章、第二十五章、第四十二章。最關鍵的是第二十五章，專門講「道」是怎麼出現的。

古代對「道」的定義，道就是路，代表途徑，任何東西的存在和發展都有途徑，這涉及了兩個問題，第一，它存在嗎？第二，它如何發展？發展需要在時間裡展開，需要有路可走。現在所說的花道、茶道，指的也是一種途徑、一種方法，使得花和茶能夠將其存在的特色表現出來。道作為途徑則牽涉到規律，因為發展到最後會有固定的規律，像宇宙的發展，春夏秋冬就變成一定的規律。根本上，道是指存在，宇宙萬物如果沒有存在，又怎麼會有規律？沒有花，怎麼會有花道呢？沒有茶，怎麼談茶道呢？所以道本身作為規律、作為途徑，最後都要還原到有沒有什麼叫作「道」的東西。

萬物的來源與歸宿

《老子・第二十五章》專門探討這個問題，「有物混成，先天地生。」「混」代表還沒有區分；沒有區分，就不能分別；沒有分別，就沒有個別的東西存在，它是渾然一體，好像看到朦朧一片，只知道有東西，卻不知道是什麼；一旦說它是什麼東西，就有了區分。這即是黑格爾所說的，肯定就是否定。當我說這是一張桌子（肯定），就代表這不是別的東西（否定），所以肯定就是否定。當我還沒有說這是什麼東西時，它有無限的可能性。一塊木頭可以是門，可以是窗，可以是牆壁，一旦被製成椅子，它就不能是牆壁，不能是門窗了。《莊子・應帝王》有一個渾沌的故事，南海之帝為儵，北海之帝為忽，中央之帝為渾沌。儵與忽時相與遇於渾沌之地，渾沌待之甚善。儵與忽謀報渾沌之德，曰：「人皆有七竅以視聽食息，此獨無有，嘗試鑿之。」日鑿一竅，七日而渾沌死。這是一則寓言，說明一旦區分之後，就很難再回到原始的狀態。原始的狀態是尚未有所區分，代表一種和諧。

心理學家研究人所遭遇的困難與痛苦，認為是在離開母體子宮之後，終其一生都在尋找如何重回母體的方式。母體所指並非只是母親，而是一個歸宿，讓人可以安定下來，感覺一切都好，不再有任何需要與欲望。「有物混成，先天地生」一語清楚地告訴我們：道是早於天地而存在的。所以，有人把道等同於天地、萬物，當然是不能成立的。上有天，下有地，中間有萬物生存發展的空間。老子認為道存在於天地產生之前，至於要怎麼理解它呢？我們要借用西方哲學的概念，西方學者對於宇宙本體的研究，和老子的心得有相似之處，西方用「自因」一詞來形容，就是「自己是自己的原因」，我們所見的一切都是「他因」，這朵花是別的花的種子生成的；這張桌子是由樹木提供的木材製造成的。我們所見的每一樣東西，都是另一個原因造成的結果，它本身不可能做自己的原因。人類也一樣，都是父母所生，那麼父母呢？是他們的父母所生，然而這樣的問題無法一直追問下去，因為問到最後只有兩種可能，第一，是猴子（其實是某種靈長類）變的，但為什麼今天猴子還是猴子，只有我們的祖先變成人？第二，推到上帝。推到上帝之後，就不能再問上帝是誰造的。我女兒讀的是基督教幼稚園，老師會念聖經故事給他們聽。她三歲的時候問我：「老師說世界是上帝造的，那上帝是誰造的？」我跟她說：「這問題太複雜了，妳長大以後就會懂了。」到了小學五年級，她說老師教的是人不是上帝造的，而是猴子演化的。事實上這是達爾文的假設，從來沒有證實過，達爾文也承認他無法找到演變的每一個環節。

我們對「上帝」的定義是，祂只能創造萬物，本身不能被造。也許有人會認為這個定義不公平，那也沒辦法，總要推到最後有一樣東西不能被造，祂自己是自己的原因。凡是被造之物，其原因是在外的；我的誕生，原因是父母，父母在我之外。所有的東西都是外面的另一個原因造成的，稱為他因。只有一樣東西是自因的。假設沒有自因者，宇宙萬物怎麼可能出現呢？《詩經》說「天生烝民」、「天作高山」，中國古人將天當作最後一個自因，沒有人再問天是怎麼來的，天本來就是自己有的，如果不滿意這樣的答案，也沒有別的辦法。在思考老子的道的時候，以道代替天，道本身是自因的，一定永遠存在。這就是參考西方學者研究之後的答案，宇宙萬物之中，一定有某樣東西是自因的，由它來創造萬物。

整體與永恆的觀點

繼續看第二十五章。「寂兮寥兮」，代表寂靜無聲，空虛無形，聽不到也看不到。接下來兩句話就重要了，「獨立而不改，周行而不殆」，充分顯示了老子的智慧。什麼叫獨立而不改呢？它獨立存在而永遠不變，所以它一定是永遠存在的。宇宙萬物一直在改變之中，有改變就會慢慢消失。《莊子》有一個故事，他說河水經過風吹日曬，應該會慢慢乾涸消失，它之所以能夠保持流水，是因為有源頭活水。所以不要小看「獨立而不改」這五個字，它說明道是永恆的，沒有任何改變，亦即符合我們所謂自因的條件。「周行而不殆」是循環運行而不止息，到處都有道，但是它不會停下來，這就是普遍性，道永遠存在，沒有任何減少，任何地方它都可以照顧到，它可以成為天下萬物的母體。「先天地生」、「可以為天下母」，天地指的是自然界的天和地，天下則包括萬物。老子的道是一個形上的道體，也就是道的本身，是一個絕對而究竟的真實。

我們很難想像在兩千多年前就有這樣的思想。讀再多的西方哲學，看到老子這段話都會深感驚訝。西方哲學家問：「宇宙是怎麼來的？」如果不講哲學，只講科學，宇宙有大爆炸、大霹靂。但大霹靂怎麼來的，沒有人知道，最後宇宙還會結束，它的生滅即使是兩百多億年，聽起來好像很久，但是只要是在時間過程中，最後都是會消失的。因此必須找個理由來解釋，它既然最終會消失，起初為什麼要出現呢？

接著老子說：「吾不知其名，強字之曰道。」這兩句話相當關鍵。「道」這個字是老子勉強說的，道無法用眼睛去看，無法用耳朵去聽，是萬物的來源。宇宙萬物從道而來，最後再回到道裡面去，既然從道而來，就不可能離開道而存在，亦即萬物皆有其規律。能夠離開道的只有人類。人類離開道是因為認知偏差，走錯了方向。我們已經談過認知的三個層次，區分、避難、啟明，將來講「德」的時候，再進一步討論人的認知是怎麼一回事。回到《老子》第一章，「道可道，非常道；名可名，非常名」，如果不給它取個名字「道」，我們就無法進行討論，但要謹記我們討論的道，並不是道本身，道本身是不能說的，它是包含一切的整體。

老子的思想顯示他在哲學上的高度，這也是西方當代哲學家海德格（Martin Heidegger, 1889-1976）特別推崇老子的原因。海德格是德國哲學家，也是存在主義的代表。存在主義強調「存在」這兩個字，即「選擇成為自己的可能性」。

西方哲學在中世紀以後重視思辨，近代哲學從笛卡兒一直到康德、黑格爾都偏向唯心論，以人的理性來作為了解萬物的基礎，因為萬物本身沒有意義問題，唯獨人有思考能力，也才會有意義問題。而當意義的問題出現之後，誰能提供答案呢？還是要靠人類的思想。

到了存在主義，焦點著重在：我的生命有什麼特色。我是團體中的一份子，或者我的生命是獨一無二的？於是「存在」一詞就演變成選擇成為自己的可能性。海德格的代表作是《存有與時間》，他用「時間」兩個字來切入，因為只有人類才有時間意識，其他生物對時間沒有特別感覺。人類的意識，時時刻刻都在問自己：我現在在做什麼、在扮演什麼樣的角色？或者我在選擇成為我自己。但是做我自己，是要做別人眼中的我呢，還是做自己心目中的我？這樣的疑問最後還是回歸到老問題，我了解自己要什麼嗎？存在主義的思考模式對現代人很有啟發性。過去，西方哲學重視知識論、形上學，而存在主義對於個別的人的生命特質加以掌握，它所謂的存在是指個人的存在，而不是普遍的存在。

海德格晚年在德國遇到來自中國的蕭師毅教授。蕭教授在德國主編一套中文百科全書。海德格認為自己相當了解老子思想，但是坊間各種翻譯本都沒有寫出老子真正的精髓，所以他希望和蕭教授一起翻譯。但兩人討論了八章就意見不合，蕭教授批評海德格不懂中文，海德格說蕭教授不懂老子，兩人因而拆夥了。這段故事是由蕭教授寫下來的，他還寫了一副對聯送給海德格——「孰能濁以靜之徐清？孰能安以動之徐生？」（《老子・第十五章》）誰能在渾濁中安靜下來，使它漸漸澄清？誰能在安定中活動起來，使它出現生機？只看第一句，會以為老子的思想是讓人逃避世界，避免紛擾，其實任何哲學家都有兩面。就像孔子很欣賞他的學生曾點的志向：「暮春者，春服既成，冠者五六人，童子六七人，浴乎沂，風乎舞雩，詠而歸。」（《論語・先進》）孔子被形容為「知其不可而為之」，但他卻說要配合天時地利人和，過得輕鬆一點，帶朋友去河邊洗洗澡，唱唱歌。所以，一個學者也許是一個特定學派的代表，但他內心總是希望兼顧動與靜的。老子也不例外。

海德格認為西方學者在研究路線上出了差錯，他們從人們所見的萬物來界定什麼是存在的根源，因為結果總是帶有原因的某種成分，也就是可以從結果推到原因，但是這種推論出來的原因也是相對的。譬如，看到一隻小動物，從牠的形貌可以推出牠的父母是什麼樣的動物，但無論再怎麼推都是相對的，因為我們還是不知道牠的最後根源。西方人討論上帝，不能說上帝是什麼，只能說上帝不是什麼。萬物一直在變化，道卻是獨立而不改，道與萬物完全不同，怎麼可以從萬物推到道呢？海德格完全認同老子這種觀點，就是分辨道與萬物：道是獨立而不改的，而萬物都在變化之中。

道家的用意是要化解存在上的虛無主義，如果道也在變化之中，就不能解決這個問題了。因為凡是變化之物，最後都會消失，就像人死了之後什麼都沒有了。可是如果領悟了道，就不用擔心，因為道是一切的根源，道是自因的，然後人生只有一個目的，就是與道結合。怎麼樣使一滴水不要乾涸，方法是：把它丟到海裡去，它就不會被太陽曬乾，也不會被風吹乾，自然沒有乾涸的問題。人的生命也一樣，要讓生命永遠存在，就讓它回到根源，回到道裡面。萬物的來源找到了，萬物的歸宿也找到了，萬物從道而來，最後回歸於道，所有的一切是平衡和諧的。但是人類因為有理性，要求理解，所以會問：為什麼要多此一舉呢？就像西方學者提出的問題，如果上帝造人是為了愛人，為什麼不直接讓人死了以後升天堂呢？如果上帝是完美的，什麼都不欠缺，為什麼要創造自由的人，結果出現好人和壞人，還要特別造個地獄懲罰壞人，這對於上帝的仁愛不是有所傷害嗎？西方中世紀初期出現「萬物復原論」學派，認為萬物不論好或壞，最後都會回到上帝的懷抱中。印度教及佛教加上了輪迴之說，做了壞事就繼續輪迴，最後修成正果，這也是符合萬物復原論的一種想法。但這種想法很難通過人的理解，因為歷程拖得太長了，輪迴恐怕是幾十世、幾百世，輪到最後也看不出人會變好的跡象，人類愈輪迴好像愈痛苦。如果說人類愈輪迴愈快樂的話，還有一點希望，這一世比上一世好，下一世比這一世更好，但是沒有人可以證明。我們只發現痛苦的人愈來愈多，沒有減少的跡象，所以這是一大挑戰。

尼采提出更有趣的說法，在他之前的斯多亞學派已經把宇宙當作一個封閉的宇宙，因此有了「萬物循環」的論點；世間所有的一切，都是重複過去走過的軌道。譬如，一百年以前我們已經吵過架了，但是今天還是要吵，不能擺脫這個宿命。尼采的想法聽起來有點奇怪，但是只要了解宇宙是封閉的，就一點也不奇怪。如果宇宙是封閉的，宇宙裡面的能量是一樣的，物質是一樣的，它再怎麼碰撞，最後只能形成一種有規則的不斷重複，但有可能變得不一樣嗎？這個問題他也無法回答。

在思考人的生命或宇宙萬物來源這一系列的問題，西方最高明的哲學家同樣束手無策。若問老子：「道為什麼那麼麻煩，讓萬物出現，最後又回到道裡面？」他只能說，事情就是這樣發生的。了解老子的思想系統，就能明白道是一個整體，人在整體裡面，從它而來，又回歸於它，要盡量減少因為個人的認知所帶來的操作，操作愈多，帶來的困擾就愈多。「無為」就是不要有心造作，不要自以為聰明弄得天下大亂，人生的寶貴時間往往就在收拾殘局中浪費了。

老子又說：「人法地，地法天，天法道，道法自然。」地指地利或具體的自然環境；住的地方靠山，生活就要配合山的特色，打獵維生，山上各種特定的植物、動物都會影響人的生活。由「人法地」可以保障人的生存，並學習合宜的生活法則。「地法天」，是由人的觀點，想要找到地的法則之緣由；天指天時或宇宙的規律。像春夏秋冬不是地可以決定的，是天在決定；什麼植物生長，出現什麼生態，都靠四時來決定。「天法道」，這也是由人的觀點，向上追溯到天的依歸，由此體悟了道（如不爭、無為等），天本身還有更高的一個層次，在安排天的運行。最難說明的是「道法自然」，「自然」是指自己如此的狀態，任何一物若是保存「自己如此的狀態」，就是「與道同行」。《老子》出現五處「自然」，意思都是「自己如此」，換句話說，宇宙萬物為什麼是這個樣子，開花季節為何會有所不同，沒有人知道，它就是這個樣子，所以道所展現出來的這個樣子，我們只能接受；如果一定要人為造作，將來會出現問題，亦即不可能持久。自然界本來如此的狀態，可以維持長久，老子的道和萬物的關係，就這樣連結起來了。

如果我們再問，道是怎麼生出萬物的？《老子・第四十二章》：「道生一，一生二，二生三，三生萬物；萬物負陰而抱陽，沖氣以為和。」道展現為統一的整體，統一的整體展現為陰陽二氣，陰陽二氣交流形成陰、陽、和三氣，這三氣再產生萬物。萬物都是背靠陰而面向陽，由陰陽激盪而成的和諧體。道生一的「生」，代表展現。這個說法與「易有太極，是生兩儀，兩儀生四象，四象生八卦。」（《易經・繫辭上》）類似。「一」代表整體，因為是整體，所以只有一個，有兩個就不是整體了，有兩個就代表部分。「二」代表陰和陽，陰代表受動力，陽代表主動力。講到變化的時候，先講氣的變化，氣就是陽氣與陰氣，變化就是由主動力與受動力，合成一個變化運動的整體。陰陽二氣交流形成陰、陽、和三氣，這個「三」比較特別，因為從三以下直接接到萬物，三生萬物。為什麼只說三不說四，或是五或六呢？因為陰與陽的結合，形成一種特定的和諧狀態。花本身有陰氣也有陽氣，陰陽的比例造成它和諧的狀態，使它成為這樣的花，而不是別的花。任何東西都是在肯定自己之後，才能夠出現的，一旦肯定之後，就不能改變了。從一棵樹取得了木材，用木材做成桌子，就不能做成椅子，還沒有做成之前，它有無限的可能性，一旦做成桌子，就不能做成別的東西了。陰氣和陽氣有各種比例的結合，一旦結合成一樣東西，就不能結合成別的東西了。所以到三的時候，陰、陽、和三種氣就可以直接展現出萬物，因為萬物都是陰、陽、和三個力量的結合。萬物負陰而抱陽，萬物是背靠陰而面向陽，由陰陽激盪而成的和諧體。

《莊子》直接說陰與陽無異於人的父母。心理學家也提醒我們，男性會擁有陰柔的特質，女性也有陽剛的成分，因為性格本就是陰與陽調和而成的。男兒有淚不輕彈，只是未到傷心時；女子雖弱，為母則強。其他萬物也是類似的組合情況。老子認為，從道展現出來成為萬物的時候，經過了陰與陽兩種氣的中介，這也符合《易經》的理論。

我們希望老子也能多談陰與陽，這樣就可以對比研究了，只有一處出現，只能說是「孤證」。但即使如此，還是能讓我們了解，像「負陰而抱陽，沖氣以為和」一語明白告訴我們：三就是陰氣、陽氣與和氣。莊子則是就語言使用的角度來思考。「一與言為二，二與一為三，自此以往，巧歷不能得。」

（《莊子・齊物論》）意思是，「有一」與「說『有一』」就形成了「二」。亦即關鍵在人的認知及判斷，由此形成語言表述的世界，使原始的「一」被分別為「二」。依此類推，這個「二」加上未分之前、不可言說的「一」，又形成了「三」。但這樣一來，重點已經由萬物生成轉移到人的認知作用了。

悟道方法：虛與靜

老子認為，宇宙初始之際只有道存在，道是一個整體，陰與陽兩種氣在其中展現。古代中國人喜歡用氣來代表動力，一個是主動，一個是受動，這兩種氣互相激盪摩擦，形成了萬物。每一樣東西都有陰和陽的成分，結合在一起，形成一種和諧的狀態。人類科技再怎麼發展，也無法創造出一根草、一朵花，就算是複製人，還是需要從另一個活體移植某些細胞。老子將宇宙萬物的變化，用一個最根本的原理來解釋。為什麼需要講「一二三」？因為它需要找到中介，因為從道直接來到萬物身上，比較複雜難解。道是一，是整體，它是永恆的；萬物是變化多端的，在變化生滅之中。老子認為，在這裡可以用「德」（得）來代表，透過德的中介，使道不要直接觸及萬物，道的超越性得以不受損傷，保持超然獨立；宇宙萬物可以繼續變化，不會對道有所損傷。這也是在哲學上建構系統的方法之一，不要讓超越界與個別事物直接接觸。

西方談萬物的來源，有一種說法是萬物由神的「觀念」造成，從宗教的傳統立場來說，所指的就是耶穌。上帝創造世界，透過耶穌作為「言語」，上帝說有光就有了光，祂不直接創造，「說」是一個中介，所以耶穌被稱作上帝的「言語」，稱為聖言，這對西方哲學影響很大。西方一千三百多年的中世紀哲學，都是以基督宗教為基礎，肯定上帝透過言語，亦即透過耶穌，以他作為中介。若是萬物直接由上帝創造，那麼永恆性與變化性如何結合會是一個大問題。懂西方哲學的人念老子，會有不同的想法，「道生之，德畜之」《老子‧第五十一章》，德作為中介，就能使道暫時擺脫被萬物變化所干擾的危險。

道顯示了整體而永恆的觀點。整體和空間有關，永恆和時間有關。人的生命就在時空裡面施展開來，你說空間很大，宇宙很大，但是它作為一個整體，再怎麼大，也是一個整體而已。至大無外，最大之物是沒有外面的東西。道是一個整體，人從這一整體來看，會覺得自己沒有什麼得失問題。如果領悟道家的觀念，會明白人在整體裡面，不論怎麼樣都不會離開人的世界，就算是到了月球，還是用人的觀念在思考，這是無法擺脫的。所以一個人練習從整體來看個別事物，個別事物都變成不可或缺的，它是整體的一小部分，也同樣值得珍惜。永恆是打破時間的限制，不要只看今天明天昨天，因為人的生命從開始到結束，都在時間裡面變化，變化代表危險，因為不可預測。如果從永恆來看，變化根本不是問題。莊子曾說：「如果我的手會變成一隻雞，我就用它報曉；變成一顆彈珠，我就用它來打野鳥，再烤來吃。」這說明變化是一定的，我們的健康能維持多久呢？沒有人知道，也許可以再活幾十年，但百年之後總是要結束的，那麼你現在活著是在做夢嗎？如果從未來的角度看今天所發生的一切，真的是在做夢，誰可以忍受這種情況呢？若是從道來看待一切，會懂得珍惜人生的每個剎那，剎那是與永恆有所關聯的。

老子的道，一方面說明了它是萬物的來源與歸宿，一個人只要知道自己的來源，也知道自己的歸宿，就沒有什麼好擔心的。另一方面能讓人從整體來看，從永恆來看，整體可以突破空間的限制，一個人如果內心開闊，再怎麼小的地方都顯得開闊；反之，要是內心狹隘，再怎麼大的地方也是狹隘的。所以我們要學習從道的眼光來看，它是整體的。那麼時間上呢？莊子會說一個夭折的嬰兒比一個老人家更長壽，泰山還不如一個土丘來得高。莊子希望人打破相對的觀念，相對的比較。從永恆來看，沒有東西存在過，沒有發生、也沒有結束。所以莊子說：最高的智慧，就是了解從來不曾有萬物存在過。

第二講：道與德的配合

在《老子》一書中，道當然是關鍵概念。道本身具有超越性，它是自因的，天地萬物皆源自於道。但是它的超越性與天地萬物之間的關係要如何解釋，就成為一個問題了。面對這個挑戰，老子的說明是：道以德為中介來連繫萬物。萬物來自於道，它從道所獲得的，就稱為德。所以獲得的「得」，與道德的「德」意思相同。這樣的思維在《莊子》說得更清楚：萬物得之於道者，就稱作德。一個人生下來有什麼樣子、什麼德性，即是本性，是這個人的特色。花有花的德性，樹有樹的德性，每一種生物都有它特定的本性。一般來說，萬物的本性就稱作德。老子設法做到兩點：第一，保持道的超越性；第二，要讓道同萬物有某種關係，亦即萬物獲得道的支持稱為德，代表萬物本身特有的本性與稟賦。童話故事裡，一隻小獅子出生後被羊帶去養了，每天喝羊奶，慢慢長大，卻不可能因此變成羊。生而為獅子，獅子的本性與稟賦就已經存在了。這個故事告訴我們，每一樣東西都有它天賦特定的狀況，因此只要能理解、把握、做好你自己，就不用面對很多不必要的挑戰，壓力與威脅也相對會減少很多。

德是萬物「得」之於道者

道有兩種性格，一是超越性，二是內存性。內存性即是內在性。就是道一方面超越於萬物，一方面內在於萬物，掌握住這樣的雙重性格，就能了解老子的思想。一般人比較重視老子的處世格言，如「知人者智，自知者明」（《老子．第三十三章》），不過這些屬於應用層次，如果能夠了解老子的道與德，也就是屬於本體的部分，將能有更深刻的體認。什麼是超越性？西方學者論證上帝的存在，有三條路線：

第一，宇宙萬物的存在，需要充足的理由。譬如，我眼前有一個杯子，這個杯子並不是自己長出來的，就連桌子都是有人安排放置的，這些在人的世界很容易了解。自然界呢？什麼地方生長什麼樣的植物，什麼地方有什麼樣的生態環境，這些都是自然條件配合好，就這麼產生了。那麼，宇宙萬物最初沒有存在，最終也會消失，根本上等於虛無，那麼它現在為什麼存在呢？這就需要充足理由，否則不能解釋萬物存在。如果沒有充足理由，萬物不可能出現。我們如果不能接受浮生若夢，就必須肯定上帝存在，作為萬物存在的充足理由。這個論證很簡單，我們所見的萬物都是他因，亦即需要有一個自因者。

第二，黑格爾說，自然的就是必然的。我手上拿著筆，一放開手，筆就掉到桌上；秋天到了，葉子自然落下。宇宙萬物一旦確定了規則之後，就沒有例外。但人的本性就不一樣了，一旦牽涉到人的世界就會變得非常複雜，必須面對三個根本問題：痛苦、罪惡、死亡。自古以來，這三個問題讓多少人困擾，無異於人生的三大悲劇，也是人生的三大荒謬，若不能解決這三個問題，人生終究陷於茫然不解，會覺得深刻的無奈。要解釋痛苦、罪惡、死亡，必須牽涉到上帝作為最後的解釋理由。如果上帝存在，那麼當你受苦受難時，其實是要讓你透過這種煎熬，走向更美好的未來。什麼是罪惡呢？當你有犯罪的誘惑時，就要覺悟往上提升的困難，知道體諒別人的錯誤。若有一個神當作救贖的力量，這一切都很容易解釋，死亡也不再構成威脅，死亡之後並非一片虛無，只是通往另一世界的通道。反之，如果沒有上帝，這三個問題都沒有圓滿的答案。

先假設一個沒有神的世界，人類是地球上唯一的生物，那麼人類與其他動物有什麼差別？死後也不過是枯骨一堆。根據專家研究，地球上曾經出現過一千億人，現在活著的有七十億人，那麼過去一千億人到哪裡去了？我們要問，人生有意義嗎？什麼是意義？意義就是理解的可能性，「意義」兩字不能離開「理解」，只有人是具有理性的生物，也才有意義的問題。其他萬物沒有意義的問題，花開花落，無須問其意義，條件成熟它就開，條件結束它就落。如果人與其他生物一樣，那麼只有一條路可以走，就是想盡辦法避開不愉快的事、避開各種災難，好死不如賴活著。沒有煩惱痛苦，就會覺得快樂，這樣不是很消極嗎？但即使如此，最後還是要結束的，這是人生的無奈。

痛苦、罪惡、死亡三者，也是造成春秋時代末期虛無主義盛行的原因。處在那樣的亂世，活著沒有什麼快樂，善惡沒有什麼報應，做好人沒好報，做壞人也不怕，這樣的人生，你可以想像嗎？如果無法理解這樣的人生，就表示人生沒有意義。高中生早上七點出門，晚上十點回家，每天念書十五小時，這樣的生活有意義嗎？因為要上大學，所以這一切是可以理解的。假設教育部突然宣布高中生統統不准念大學，大學統統關閉，這些高中生的努力就完全沒有意義了。所以，把人生想成高中生升大學，因為有大學這個出路，過去的努力、受苦受難才可以理解；如果沒有出路，所有的努力都是白白受苦，白白受難，誰願意呢？當然要想盡辦法避開了。

如果要充分說明人類世界的三大危機與挑戰，最後還是要訴諸一個超越界，也就是道。道家就是透過對道的覺悟，化解生命的壓力。莊子喜歡把道當成造物者，因為道創造了萬物。如果道是造物者，莊子就可以同它溝通。

「者」字在中文代表具有位格。造物者與造化不同，造化是冥冥之中的力量，無法溝通；造物者則是像人一樣有位格。莊子說自己「上與造物者遊」，意即造物者無所不在，因為萬物都源自於它，它在萬物裡展現出力量，於是人在任何地方看到萬物，都可以看到造物者顯示它的智慧與力量。道家在這時就可以敞開心胸，體認到自己的痛苦化解了。

莊子顯然深受窮困之苦，他在妻子過世時，還敲盆唱歌，因為他認為妻子終於回到天地這個大家庭裡，不再只是做一個人而已。身為人，只是一個偶然的情況，是各種條件配合而成的。這樣的思想，比眾生皆有佛性的境界更為開闊，因為連無生之物也統合在一起了。莊子認為一切都是氣的變化，陰氣與陽氣就是我們的母親跟父親，人類死亡解脫之後，又轉化為別的生命，樹木、花草都無所謂。這種道家的思想是從宇宙萬物最根源處，以道作為超越界的代表，由此化解了人的問題。若是連死亡都不怕了，還需要擔心什麼？比起死亡，痛苦與罪惡只不過是短暫的過渡，不用太在意。

第三，在生命過程中，每個人都會出現絕對依賴的感受。我們活著總有相對的依賴感，出門口袋不能空空；靠工作得到固定的待遇；在家靠父母，出外靠朋友。但是有一天終究會發現，人還有絕對依賴的感受。心理學家的研究指出，很多人的抑鬱症，是來自於他的生命突然覺得沒有依靠。其實他擁有的很多，物質生活非常富裕，但偶爾會感覺到自己的生命有如無底深淵，不知道這一生所為何來。當一個人吃不飽、穿不暖的時候，他把焦點放在追求生存的條件，反而每天認真工作，賺了錢就很開心。具備這種條件之後，接著會問，這樣就夠了嗎？如果生命這樣就夠了，在面臨結束時怎麼辦？抑鬱症就這樣出現了。所以一個人在生命過程中，遲早都會察覺一種絕對依賴的感受，感受到生命沒有基礎，生命是落空的，得到、失去好像在做夢一樣，這時就需要投靠絕對者；亦即透過這種絕對依賴的感受，找到超越界才有安頓可言。

存在主義強調這樣的感受，這是從齊克果（S. Kierkegaard, 1813-1855）之後發展出來的，使人感覺到自己的生命是相對的，所以需要一個絕對者作為依賴，使這個相對的生命不至於迷失或陷入虛無。人的信心，通常來自於互相鼓勵，就如莊子所說的，泉水乾涸了，幾條魚困在陸地上，相呴以濕，相濡以沫，不如相忘於江湖。江湖比喻絕對的領域，也即是道。平常我們互相安慰鼓勵，是人與人之間相對的支撐力量，但這樣是不夠的。我教書一輩子，常常鼓勵學生要有信心，而事實上很多老師也會陷入抑鬱症。因為當他鼓勵別人的時候，覺得自己好像很有把握，但鼓勵完畢之後，自己也同樣要面對存在的問題，我這一生就是如此嗎？我要做我自己，還是要達成某種生命的目的？生命的目的是相對的嗎？若是相對的，早達到與晚達到，甚至不達到，有什麼差別呢？在那一瞬間，生命陷入一個抉擇，或者全部都有，或者全部都無，在英文稱為 all or nothing，或者全有，或者全無，這種生命的張力與壓力很大。

德：本性與稟賦，人的問題？

前面三點可以說明道的超越性，人的生命需要有道的超越力量，作為最後的依據。接著要談道的內在性，道的內在性正如莊子所強調的，「道無所不在」。老子用「德」來作為道的化身，加持在每一樣東西上，萬物再怎麼多，都是從道而來。萬物從道所獲得的就是德，這個德代表本性與稟賦，所以萬物是什麼就是什麼，其中只有人類有自由。因此道家面臨一個很大的挑戰，就是人的自由是怎麼回事？我有剷平一座山的能力，這種能力是我的稟賦，道既然給我這種能力，我如果真的把山剷平了，道也不能怪我。道給每一個人自由，賦予其思考能力，人就可以用自由加上思考，去做很多怪異的事情，甚至背離了人之道。

我們前面說過，人間的災難是從區分而來。譬如，澳洲中部本來不是沙漠，可是英國人占領澳洲時自作聰明，從英國本土運來特定的樹苗，用來取代澳洲中部的樹木。澳洲四面環海，空氣中的鹹度特別高，只有當地土生土長的植物可以存活，所以澳洲中部會形成沙漠，完全是人為造成的結果，傷害了自然界的生態平衡。地球上有許多地區的生態浩劫都是人為造成的。有一個印度人到處旅行，看到香港人喜歡吃青蛙，就回去把家鄉的青蛙都抓到香港賣錢，隔年家鄉全村的人都患病死了。因為青蛙被捕走，蚊子大量繁殖，虐病再度侵襲居民。這樣的例子多不勝數，自然界本身保持著平衡，但是人類一出手，萬物就遭殃。

我們強調儒家重視的是德行修養，學習儒家要有志向、有恆心，日起有功，自強不息，每天增加一點點德行，十年、二十年之後，自然就變成君子了。如果學習道家，再怎麼努力都沒有用，因為關鍵在於能否跨越它的門檻，而這個門檻即是覺悟，一旦跨過，便能同道合而為一，就不會去做一些自以為聰明、最後造成錯誤結果的行為。一旦覺悟，才可依照萬物的條件去欣賞萬物，而不會刻意造作。譬如，人類插花原本是為了賞心悅目，但是看久了這樣的花，就會覺得矯揉造作而產生壓力。所以聽人說話很容易打瞌睡，但是動物的叫聲並未傳達什麼訊息，所以我們聽蛙鳴犬吠不容易打瞌睡。

學習道家時，不必勉強，聽多少算多少，只有跨過智慧的門檻，才能夠覺悟。老子說：「為學日益，為道日損，損之又損，以至於無為。」（《老子・第四十八章》）我在美國念書的時候，就是為學日益，四年來每天讀書十二個小時以上，感覺自己每天都在進步。但是老子說「為道日損」，要追求道，每天減少一點人為的東西，如成見、偏見、欲望，各種複雜的念頭，到最後是無為，但是「無為而無不為」。假設有一座花園，它的土壤適合什麼花，這些花會自然生長。我在荷蘭教書的時候，會在書房裡擺一盆鬱金香，顯得特別幽靜。但是荷蘭人種鬱金香跟種菜一樣，相同顏色的花種在一起，只會讓人讚嘆花的數量這麼多，但毫無美感可言。人為刻意去安排的，就有人為的意志在裡面，就會造成壓力。老子認為不必有任何壓力，要盡量呈現出萬物自身的狀況，這樣就可以了。

焦點再回到人的自由。很多人說，既然我有自由選擇的能力，為什麼不去做一些我想做的事呢？但是我想做的事可能會干擾自然界的平衡，這又該怎麼解決呢？老子要面對的一個嚴肅挑戰是，道賦予人類這樣的本性，但是這種本性發展出來之後，可能造成錯誤的習慣，這種錯誤的習慣又變成我的本性，如此一路發展下去，實在不能怪我。老子主張，不要區分善人與不善人，因為善人有善人的理由，不善人有不善人的理由。一個人行善，需要各種條件的配合，只要有了這些條件，換另一個人也可以做到同樣的善。一個人為惡有他為惡的理由，換了另一個人，他在那個環境裡可能也會為惡。老子為什麼這麼慈悲？他以母親作為道的比喻，母親對於自己的子女，都是愛護包容的，原因就在這裡。每個人的情況都不同，因而沒有所謂的公平問題。這樣一來，所發生的一切事情，好像是整體條件所構成的一個結果，沒有人可以擺脫，這就是天羅地網。老子說過「天網恢恢，疏而不失」（《老子・第七十三章》），我們現在講成「疏而不漏」，網子的格子很寬，但是它不會失去任何東西，所有的一切都網羅在裡面。

道透過「德」，讓宇宙萬物的本性表現出來，這就肯定了道的內在性。老子說「大道氾兮，其可左右」（《老子・第三十四章》），大道像洪水一樣氾濫了，怎麼可以說它在左邊還是右邊？這代表道無所不在。萬物獲得道的支持，成就了各自的本性與稟賦，現在放眼所見之自然生態的平衡，就是德的傑作。老子接著強調，「萬物莫不尊道而貴德」（《老子・第五十一章》），萬物都會尊敬道，而重視德。其實萬物沒有尊重的問題，只是萬物從道而來，最後回歸於道。道是根源，是母體，所以尊敬它；德是本性，是稟賦，所以重視它。

人有自由嗎？這問題千古以來沒有共識，因為人的自由是有限制的，沒有人擁有完全的自由，也沒有人是完全沒自由的，所以通常我們會把自由與選項一併考慮。譬如，你要做成一件事，有三個方法，就是有自由，你可以選擇任何一種方法，選項愈多，自由愈可以開展。史賓諾莎的代表作是《倫理學》，內容都是有關形上學的，講到神、實體、整個自然。他把書名定為《倫理學》，是因為透過了解宇宙萬物的必然性，亦即一環扣一環，這個整體連接的網，就可以覺悟我的自由不是真正的自由。一個人了解自己的自由不是真正的自由，他反而自由了；一個人不了解自己的自由不是真正的自由，他以為自己自由，反而不是自由的。如果了解自己的自由有各種限制與條件，就不會被它所困；只要不以為自己是自由的，面對你的選項時，就不會牽涉太多複雜的問題，人的責任也弱化為相對的。所以史賓諾莎的學說，最後出現的結論是：人因為理解而自由。

很多人以為自己有自由，就胡作非為，最後也不知道惹了什麼禍，破壞了自然生態；相反的，如果理解所有的一切構成一張大網，所有的一切都在所謂的神，或實體，或自然裡面，那麼就會認真思考，我現在行動的條件是什麼。沒有人可以在不具任何條件的情況下做出選擇，所有的選擇都受某些條件的制約，讓你只有少數幾個選項而已。可能因為理解愈多，選項也愈多；理解愈少，選項也愈少。如果完全不理解人的不自由，就不可能發揮人的自由，所以想方設法理解之後，就可以不受條件的限制，反而能夠得到自由，而不會去想像一種漫無邊際的自由。

史賓諾莎說，透過理解而自由，只要了解限制我的因素是什麼，我反而自由了；這些限制我的因素，並不是我現在可以改變的，所以我不自由，並且我不以為自己自由，那麼我的不自由至少還有選擇的能力。如果明明有很多限制，卻以為自己自由，到最後怎麼負責任呢？有誰可以為自己的行為負完全的責任呢？不管做任何事，都可以找到藉口與理由，這樣一來，所有的事都找不到負責的人，真要問的話，就問：天地為什麼要生下我這個人呢？這是道家面對的一大挑戰。

自然：自己如此的狀態

儒家強調善，是要在價值上找到重新出發的基礎，從真誠引發向善的力量。談道家的時候不能講善，一講善，就要問標準是誰定的？老子也說過「天下皆知善之為善，斯不善已。」（《老子‧第二章》）天下本無事，庸人自擾之。道家認為真善美這些價值都是相對的，只要回歸於道，都可以化解於無形；不能回歸於道，則每一種相對的價值都是束縛而已。

談到德的問題，就要想到「自然」。「自然」兩字在《老子》出現過五次，每次所指的都是自己如此的狀態。《莊子》談到自然界，經常用天或天地來代表。漢朝以後才普遍以自然界來代表天地萬物。

老子認為真正的政治領袖，應該無為而治，順著百姓的需求，順著各種既定條件，順著正常的方式去做，也就是沒有任何刻意的作為，就不會造成壓力和緊張，所以百姓最後覺得很自在，「百姓皆謂我自然」（《老子‧第十七章》），百姓認為我們是自己如此的。「道法自然」（《老子‧第二十五章》）又是什麼意思？道所取法、道所依循的是自己如此的狀態。道家沒有比道更高的概念，如果有，就不叫道家了。道是獨立而不改，周行而不殆，沒有名稱，作為宇宙萬物的來源與歸宿；「希言，自然」（《老子・第二十三章》），讓一切自然運行，無須多言，「飄風不終朝，驟雨不終日」（《老子・第二十三章》），大風不會吹一上午，豪雨不會下一整天。人活在世界上，要避免做重大的改變，人為的表現出來之後，立即停下來也不自然，到時候變成痛苦的回憶，帶來不必要的煩惱。所以老子提到，最好少說話，因為說話一定帶有目的。現代人依賴手機，不太和身邊的人說話，反而和不在眼前的人拚命說話。其實話說得愈多，誤會愈深，不說話有時反而是最高明的溝通藝術，無聲勝有聲。《莊子・大宗師》也說，真正的好朋友，「相視而笑，莫逆於心」。人雖然有說話的能力，但是不一定非說不可，有時候多說不如少說，少說不如不說。不說話就能溝通，才是最高境界。

老子提到，要讓萬物保持自己如此的狀態。不要下命令，下命令就是有所為，有所為就一定有人做不到、有人做太多，反而陷入困擾。宋朝學者程明道說「萬物靜觀皆自得」，當你靜靜觀看時，會發現萬物都有其自在的地方，每一樣東西都能讓你感覺到它就是那個樣子，是自己如此的。這句詩帶有道家的色彩。

《老子》的聖人要讓萬物自己發展，而不需要刻意造作。如果刻意改變現狀，對於萬物自己如此的狀態就會產生壓力。

道具有超越性，同時具有內存性。講超越性，代表它與萬物是分開的，不能混同，所以它在使萬物出現的過程中，就要使用一些中介。譬如道生一，一生二，二生三，三生萬物。三指陰氣、陽氣與和氣。和氣代表和諧狀態，任何東西的存在，都顯示一種和諧狀態。一朵花開了，本身是和諧的，但是這個和諧也會因為氣候的變化，使它慢慢枯萎，化作春泥又護花。整個宇宙是一個自然生態的循環，生態保持平衡，就是超越的道使用德來讓萬物得到支撐，德就是重要的中介。柏拉圖說：所謂的超越，就是不隨著萬物的變化而變化。萬物可多可少，可有可無；道完全不變，由此保持其超越性，如此才可符合道家的理想，也就是化解存在上的虛無主義。不把道作為超越界展現出來，人的生命結束後就什麼都沒有了，如果一死百了，那就是虛無主義，那麼要怎麼安排這一生的生活呢？

人的生活是為了實現某些價值。儒家實現善的價值，道家實現真與美的價值。真就是真實，宇宙萬物的真是相對的真，依托在道的究竟真實裡面。道家並非不講善，只是認為善太過於人類中心，所以暫時排除。「道、德、自然」都與道的超越性、內存性有關，要了解道，就要同時掌握它的雙重性格，進而在萬物中發現道的光輝，但是也不會因而局限了道。所以萬物再怎麼變化，道依然永遠保持不變，這才是道家基本的立場。

第三講：從道來看萬物

從道來看萬物，等於是從永恆去看變化的東西，從無限去看有限的東西。史賓諾莎的思想同道家特別接近，他有一個觀念是「從永恆的形象來看萬物」，形象代表特定的角度。如果不從永恆來看，只看變化本身，每一剎那都在變化，沒有人抓得住任何東西，會導致缺乏安全感。若是從永恆來看，所有的變化都只是幻覺，只是過程，變化根本不構成問題。至於人要怎麼從永恆的角度看待萬物，進一步肯定萬物的價值，這就是道家思想要探討的。從整體來看，會發現每一樣東西在整體之中都有特定的位置。一朵花在宇宙裡面，少了這朵花，宇宙就不一樣了，所以西方有一句話："The nature does not leap." 自然界不跳躍，而是連續發展的，就像蝴蝶效應，牽一髮而動全身，沒有任何一個小環節可以被忽略；而忽略一個小環節，後面的影響就很大。有一個鐵匠為將軍的戰馬安裝馬蹄鐵，釘歪了一個釘子，導致戰馬摔跤，將軍摔死，軍隊戰敗，國家滅亡。天下很多大事的失敗，都可以歸咎於沒有人注意的小細節。

一個單位一定要由某個人來領導嗎？這個人退休了，另一個人上位，他好像能夠帶領得更好。好或不好的判定是相對的，沒有任何人是不可替代的。同樣的，我們無法想像地球沒有太陽的光源，但如果發生某種宇宙災難，太陽不見了，說不定我們能從別的地方得到光源，發展出不同的能量來源。所以，宇宙之中，沒有任何東西是非有不可的，也沒有任何東西是不變的。

一往平等的精神

從道的整體來看萬物，會發現「一往平等」，每樣東西都是平等的，因為對整體來說，它都是不可或缺的。因此，悟道的人不會再用人類的價值觀來衡量萬物，一個小小的配件，可能使整部機器失靈。能夠從整體、永恆來看，進而欣賞每一樣東西自身的特性，西方學者經常從道家學說引申到密契主義，就是因為有這樣的觀念。

密契主義至少可以分為三派。第一派是印度教展示的，認為人的自我是大梵天的一部分，最後人還是要回歸到梵裡面，達到「梵我一如」的境界。但是該怎麼做呢？要深化，找到生命最後的基礎，就可以回到根源裡。印度教的修行比老子更強調清靜無為，到最後是寂然不動，整個生命寂滅了，像閉關、在山中修行，都與印度教有密切關係。降低生命的活動力，到最後把自我完全消除，達到梵我一如。印度教偏向冷靜的密契主義，當我同宇宙萬物合一時，要先化解消除我的熱忱與欲望，讓生命整個停下來。佛教講的涅槃就是不再輪迴，寂然不動，代表進入一種清涼圓滿的境界，但是這個世界留給誰呢？留給繼續輪迴的人們，因為人們還有欲望，還有業沒有化解。清涼就是冷靜，把生命整個消解，因為生命力代表欲望，有欲望不好。叔本華（A. Schopenhauer,

1788-1860）就是從印度教得到啟發，認為人活在世界上總是麻煩，有欲望很痛苦，欲望滿足之後又覺得很厭煩，久而久之變成在痛苦與厭煩之間擺盪，既然如此，就只能想辦法消解它。叔本華的思想最後發展為兩個方法：第一，信仰宗教，由此化解人的所有欲望；第二，產生審美的直觀，不帶有任何意志，不帶有任何目的，純粹就萬物本身來加以欣賞，一切顯得安靜、沉寂，甚至消極。

第二種密契主義是在西方中世紀以後發展的，由理性的覺悟，孕生一種智慧。這一派也算是冷靜的。天下沒有任何人能比我與神的關係更密切，因為神是我生命的基礎；天下沒有任何人能比神與我的關係更疏遠，因為我的生命是會幻滅的。這種雙面思維，最後會得到覺悟，明白自己與神有一種特別的互動。

第三種是愛的密契主義。我喜歡這朵花，是因為神選擇了它。我們用道家的話來說，這朵花之所以讓我欣賞，是因為道選擇了它。道作為那些花的根源，使這些花可以存在；這些花得到道的加持，就不能被輕易否認，它本身是特殊的個體。因為對道有所了解，就會欣賞這朵花的特色，就好像你愛一個人，不是因為他是你的朋友，而是因為是神讓他存在的，所以透過愛這個人，了解他是神的力量的表現。你愛神，就會愛神所創造出來的每一個人。

道家比較偏向愛的密契主義，就是道生出萬物，萬物因此得到神聖的光環。道這個絕對者、超越者選擇了萬物，萬物也因為有了道的支持，值得我們去肯定。不要有差別心，不要用自我價值觀來衡量好壞、美醜。沒有美醜的問題，只有是否存在的問題，只要存在就值得欣賞，這就是一往平等的境界。

道在所有宗教裡面都存在。所有宗教都有最高的合一境界，基督徒與他們的上帝，佛教徒與他們的佛性。現在也有這樣的學派，把宇宙當作一個理性的力量，等於我同宇宙可以溝通，從熱愛大自然，再推到人與自然界，也有類似的效果。夏夜觀星，會讓人的心情開闊，但是宇宙叫作自然界，自然界總是會有天災的問題，天災發生時，人該怎麼辦？

幾年前美國網站最多人搜尋的單字，一個是 Tsunami（海嘯），因為印尼發生了海嘯，這是天災；另一個是 integrity（誠信），我這個人有 integrity，代表人格可靠，言行一致。世事充滿變化，在各種變化出現時，人就要調整想法與做法，那麼你與別人怎麼溝通呢？是要忠於自己，還是忠於你與別人之間互動的關係呢？很多人都會提出這樣的問題。如果你對宇宙大自然有豐富的情感投射，將來發生天災怎麼辦？地震、山崩、海嘯都有可能出現。所以我們要了解，自然界與人類基本上是處在平行的層次，最終還有個道。人不必執著於自然界，因為很難說清楚宇宙是否具有靈魂。有些伊斯蘭教徒認為阿拉對他們特別照顧，因為過去幾十年，地底下發現石油，但是為什麼只有這一代人發現石油呢？以世間各種成敗或利弊來佐證某些得到的福佑，是不合邏輯的。試想，發財就表示幸福嗎？不一定吧。發財有時候是會帶來災難的。

我們學習老子，可以擺脫這種一般的觀點。道是超越的，我們透過道去欣賞萬物，是因為道選了它，使它存在。我們不一定要把老子的道賦予神的色彩，因為這麼做，會產生道為什麼要創造自然界與人類的問題。把道想得跟人有關，是自找麻煩。所以道家把道作為萬物的根源，其中人類的責任比較大，就是要設法了解人的困難從何而來，若是從自身而來，人可以自己化解。每一個人都有可能培養智慧，如果培養成功，明白一切變化的規律，就可以順其自然，也能夠減少不必要的災難。譬如，汽車業壓力特別大，老闆就安排業績最好的員工到拉斯維加斯去，其中有一個人坐在吃角子老虎機前玩了三天三夜，看起來都快崩潰了。業績好所付出的代價是身心完全不能平衡，然後透過賭博，靠不可知的運氣來讓自己陷入不可知的情況。這當然是一種危險。

人到中年還不學習老莊，生命往往會接近耗損邊緣，隨時都有可能出狀況。很多人活在世界上，都是在邊緣上勉強撐著，好不容易跟朋友聊聊天，恢復一點力氣，又要工作了，業績壓力還是很大。人就在這種邊緣活著，各種精神問題接著出現，跨不過去的就垮掉了。我們如何從老子的思想得到啟發呢？一往平等。一往平等也包括接受自己的狀況。譬如，我書念不好，我接受這個狀況；選擇有興趣的行業或能夠賺錢的行業？當然選擇有興趣的行業，因為興趣會降低工作壓力，若能從中獲得成果，還會加倍高興。如果選擇賺錢的行業，將難以擺脫賺錢的壓力，即使能夠得到財富，很快就會覺得重複而乏味。賺到第一桶金時很高興，接下來就是重複，重複之後就是乏味，到最後自己變成機器，好像喪失了內在的感受能力。老子的思想能夠讓你一往平等，也接受自己特定的角色、特定的位置。我若是比不上別人，何不選擇退一步，海闊天空。有位朋友會打網球也會游泳，但都稱不上非常好，有一天他回家對太太說，他今天打敗了兩個世界冠軍：他跟奧運游泳冠軍比賽打網球，跟奧運網球冠軍比賽游泳，結果他都贏了。這叫作自我調侃，讓自己的生活有些趣味。幾年前冬季奧運會時，電視播出一則引起非議的廣告，廣告詞說「即使你獲得奧運銀牌，照樣是個失敗者」，這樣一來，在競爭的壓力下，誰能夠活得快樂呢？

從道看來，萬物一往平等，萬物也接受自己的情況。但是人有理性，人的知帶來欲望，欲望愈來愈大，就會開始競爭，結果造成災難。知道區分是不足的，就算知道避開災難，也還沒有達到啟明。達到啟明意指從道來看萬物，包括自己的處境，然後可以就它現在的情況加以欣賞。小孩子總是想要得到自己沒有的東西，做父母的可以這麼跟他說：「別人有的你沒有，但是你有的別人也沒有。」珍惜自己所擁有的，容易快樂；一定要去追求別人所有的，則會形成壓力。所以，掌握這個基本要點，就能欣賞自己所有的一切。學習道家從道來看萬物，就能有這樣的心得。

平衡和諧的狀態

接著，可找到一種平衡和諧的狀態。很多人學習道家，最後並沒有成為道教徒。道教的修行法門要人練氣、運功，最後目的是回到嬰兒狀態。嬰兒整天哭，喉嚨不會沙啞，因為他哭的時候是運用丹田之力；嬰兒拳頭握得很緊，手不會痠，大人握緊拳頭，一下就痠了。這就是老子的想法，要回到生命原始的狀態，也就是一個圓滿的狀態。莊子說，一個喝醉酒的人，若是從快馳的馬車上摔下來，不太會受傷，因為他沒有防衛的意念；相反的，一個清醒的人知道馬車要翻倒了，一定會想辦法保護自己，然而愈想保護自己，傷害也愈重。柔弱勝剛強，關鍵在於一種平衡和諧。我們如何在年紀大的時候，繼續保持孩子般的柔軟身段，這是一種挑戰，身體也許做不到，但是心態可以。

人間的困擾在於得失，如果犯錯了該怎麼辦呢？老子說，有了道之後，好人壞人都能得到保障，好人有道的支持，可以放心；壞人有道的照顧，可以改過，「求以得，有罪以免」（《老子‧第六十二章》），因為道像母親一樣。

耶穌所說，「你們敲門就給你們開」，重要的是，你有誠心這麼做嗎？如果一味發展自我，陷於自我的執著，就會愈走愈遠了。印度教有一個觀念，人每次為自己考慮而做的事，就好像多了一層外衣，使你與梵隔得更遠，或者說使你與真正的自我隔得更遠。如果社會性的包裝非常成功，考慮很多外在的東西，就離道愈遠，因為成功帶來掌聲，帶來各種有利的條件，使人忘記生命原本的狀態。就好比魚不能離開水，而人是塵歸塵，土歸土，所以愈早接觸到生命的來源，生命也愈可以安頓。所以只要你求，就可以得到，這句話有其宗教涵義。

「有罪以免」，是指有罪可以得到赦免。沒有人是無辜的，世界上的任何災難都與人有關係。史懷哲（A. Schweitzer, 1875-1965）是醫生、神學家，他為什麼要到非洲去行醫？因為他認為要替白人贖罪。世界這一、兩百年來的發展，世界的各種災難，歐洲人與美國人要負很大責任，尤其是歐洲人。我在比利時魯汶大學教過書，朋友帶我去參觀中非博物館，因為比利時以前統治過中非。中非博物館的展品在非洲根本看不到，全部被運過來了。我的印象很深刻，三十公尺長的樹幹被砍下來做成獨木舟，還有用整頭象製作的標本。中非原住民在帝國殖民主義的壓力下活得很辛苦，現今還有很多落後國家受到這種不平等待遇。我後來在荷蘭教書，認識一些荷蘭朋友，他們告訴我，他們對何時退休毫不在乎，因為退休金有原本薪水的八成。荷蘭也是以前從殖民地剝削了財富，所以國家很有錢。但是在很多先進國家，包括丹麥、瑞典，自殺率特別高。以丹麥為例，他們從出生到大學畢業的所有花費，全部由政府買單，既然如此，為什麼還要放棄生存的意志呢？人的生命有時候是非常複雜的，得到太多有形的資源，反而使人忘記生命的根本。在此，理念就是一個重要的問題。我們今天談道家思想，絕不是說它只適合中國人，而是全世界的人都可以從中得到啟發。

道像是母親，如果你犯了罪，它會選擇原諒，它明白你犯罪是有所不得已。不得已不是無奈，也不是勉強，而是當各種條件成熟時，你沒有別的選擇，只能順其自然，但這並不表示可以一意孤行，否則違背了自然的趨勢，後果不堪設想。道家的關鍵在於如何判斷條件是否成熟，這即是智慧。「有罪以免」四個字，亦即人只要悔改，就可以得到赦免。所以從道家看來，人在世界上，對於自己的遭遇不必太費心。你既然存在，就有存在的理由，為什麼是你存在，而不是別人存在呢？其實每個人生命的來源都十分奧妙，不是偶然的。

宇宙萬物一方面是偶然的，因為有開始，也會有消失；另一方面又不是偶然的，它現在存在，就有它存在的理由。我們要慢慢習慣這種雙面思考。一方面每樣東西都會消失，完全沒有存在的保證，因為它是他因，而不是自因，只有自因才能永遠存在。除了道之外，沒有自因的東西。所以人類出現與結束的過程，與一朵花差不多，都是從無到有，最後再歸於無。道家有很多相對的觀念，你認為這張桌子比較長，但是要看跟哪一張桌子比，在相對的比較之下，不要有任何成見。每一樣東西的存在，得到道的支持以後，以人來說，只有人才會有所求，或去犯什麼罪。

很多人把道當作追求的對象，事實上唯一的方法是培養智慧，因為道無所不在。英國詩人威廉・布萊克（William Blake, 1757-1827）寫道：「一沙一世界，一花一天堂，雙手握無限，剎那即永恆。」每一物都顯示道的光輝，我們看到的，不只是此物本身，更可以透過此物領悟道的精采。深受道家影響的蘇東坡說：「凡物皆有可觀，苟有可觀，皆有可樂，非必怪奇瑋麗者也。」任何東西都值得欣賞，只要值得欣賞的，一定會帶來快樂。

老子更進一步表示「不出戶，知天下；不窺牖，見天道。其出彌遠，其知彌少。」（《老子・第四十七章》）不用出門，就知道天下的情況，我在房間裡，只要有一張桌子、一張椅子，甚至一片木頭，透過對這片木頭的仔細研究，就可以了解整個宇宙。整個宇宙是大宇宙，任何一樣東西都是小宇宙，這張桌子的木材是來自什麼地方的樹木，只要觀察年輪，就會知道原來樹木活了多少年，大概生長在什麼地方，生長過程中經歷了什麼樣的氣候變化。宇宙是一個整體，牽一髮而動全身，只要徹底了解一小部分，就能了解整個宇宙；了解整個宇宙，才能徹底了解一個小的部分。所以不用出門，就知道天下萬物的情況。其次，不用看窗外，就知道天道，天道代表天體運行的規律：太陽、月亮、星星，以及風雲的變幻。一般人都要看窗外的情況，才知道天道如何運行，但是我只要看房間裡的東西，深刻研究之後，就知道宇宙怎麼變化。

「其出彌遠，其知彌少」，我們到外面去往往是走馬觀花，只看到表面，不能了解內在，反而使人眼花撩亂，覺得每樣東西都差不多。英國有一句話說得好：「如果你不曾離開英國，就不知道什麼是真正的英國。」一輩子住在英國，沒有對照的機會；一旦離開英國，就會發現很多國家的風俗習慣、風土民情不同，自然條件、地理形勢也都不一樣，然後才知道英國之所以為英國的原因何在。

老子認為，天下萬物都是一樣的道理，若想了解別的地方，就先了解你這邊的情況。有一個年輕人住在河的這邊，工作不太愉快。他看到對岸的村莊，就問擺渡者，那邊的情況是不是比較好？老人家說，你先描述一下這邊的情況吧！年輕人描述之後，擺渡者說：那邊的情況也是如此。如果不改變自己的心態，無論到任何地方去，遭遇都是一樣的。所以，先改變自己的想法，所見便會跟著不同。儒家有不一樣的想法，孔子說：「君子敬而無失，與人恭而有禮，四海之內皆兄弟也。」（《論語‧顏淵》）人只要行善，到任何地方都能與別人做朋友。道家認為，宇宙萬物都是一樣的，只要改變自己的觀念，一切就會呈現新的面貌。儒家認為要設身處地為別人著想，從別人的角度來想，就會知道他為什麼如此。道家則是從道來看，肯定這一切都是一個整體，沒有區分的問題，也不會有緊張對立的關係。

儒家秉持人文主義，任何問題都從人的立場來看，人如果修養自己，與別人的關係就會跟著調整改善。道家認為德行是相對的，再怎麼修養，別人不改，你也毫無辦法。所以，不要想去改變別人，以免製造更大的壓力。從道看來，只要按照宇宙萬物本身的情況來加以欣賞，就可以體會什麼是一往平等，什麼是平衡和諧，人生的得失成敗也都可以化解。

得失可以泯除

我們談論老子思想，發現他超越了以人為中心的思考模式，當然也超越了以中國人為中心的心態。西方很多學者對老子很感興趣，原因就在這裡。一九八三年，美國雷根總統在元旦發表了國情咨文，其中引用了老子的「治大國，若烹小鮮」一語（《老子・第六十章》），亦即治理大的國家，要好像煎一條小魚，最好無為而治，只要火候夠了，把魚放下去，一面熟了，另一面也好了。雷根總統此話一出，《老子》翻譯本又賣了好幾萬本。美國將軍打贏了仗，說他最喜歡《孫子兵法》，這本書也賣出去好幾萬本。中國古人的智慧實在豐富，因此我們學習任何學說，要能掌握其核心思想。只看表面就很可惜了。譬如用幾句老子的話來強調價值是相對的，美與醜、善與不善相對，你要問的是，為什麼是相對的？若是相對的，它究竟有價值還是沒有價值呢？

道的超越性，使萬物有一個起源，也有一個歸宿；另一方面，道也有內存性，普遍存在於萬物中，所以每一樣東西，無論再怎麼微小，或者看起來毫無價值，都有其存在的理由，也值得我們加以肯定、欣賞。學習道家之後，心胸較為開闊，對萬物的一切都可以接受，至少可以認同它是由道而來。從道的角度來看，沒有任何東西是可有可無的，每一樣東西都有它存在的理由，因此它就非存在不可。但是又不能執著於此，因為它的存在是暫時的，將來一定會消失，所以重要的不是掌握眼前這朵花，而是掌握使花成為花的背後力量，那就是道。

能夠透過萬物個別的特殊姿態，看到其背後的力量是道，這即是道家的智慧。這等於是透過對個別事物的掌握，知道背後有一個超越的道存在，於是可以出入自得。莊子的《逍遙遊》，就是從這樣的觀念來的。

學習《老子》，要分辨三個重點：第一，什麼是「道」；第二，天下大亂的原因是什麼；第三，聖人是什麼。「聖人」這個概念，一般都以為是儒家在用，事實上在《老子》八十一章之中，其中有二十四章出現過「聖人」一詞，這一點很值得我們注意。透過分析這些概念，對老子的研究與了解將會更深入，學習心得的範圍和深度也會慢慢展現出來。

主題三：聖人無心而為

第一講：聖人的定位

老子思想有一個出發點。首先是因為周文疲敝而天下大亂，天下大亂之後，出現了虛無主義。虛無主義有兩種：一、價值上的，人間的善惡是非美醜都失去了標準，不知道該怎麼做人處事；二、存在上的，活著與死亡沒有什麼差別，活著只是受苦，死亡沒什麼可怕。有人說道家無為、不爭，要與世界保持距離，好像態度很冷淡，事實上老莊的內心是非常溫暖的，他們不忍心看見人們活在世間卻沒有希望。老子針對天下大亂提出「道」，究竟真實。宇宙萬物充滿變化，一切都在不可預測之中，但還是有一個基礎，就是道，它作為萬物的來源與歸宿。其他生物不必擔心生命的脆弱無常，但是人有理性，對生命的遭遇要求理解，由此追問意義。老子提出來的道，是要讓每一個人都明白究竟真實，它是相對真實的來源與歸宿。有了這樣的保障，就可以化解虛無主義所帶來的困擾和煩惱。

雙重角色：悟道的統治者

天下大亂與道之間，需要一個中介，這個中介可以把道的特色體現在生命中，為一般百姓帶來希望。在古代社會裡，要求每一個人都悟道，是強人所難。一般人只在乎能否活下去，並且是否有人為其主持正義，這樣就足夠了。儒家的聖人以堯、舜為代表，希望做到仁愛與正義。司馬遷的《史記・堯本紀》說堯「其仁如天，其智如神」。在道家方面，老子也直接使用「聖人」一詞，而且聖人還有三個可以替換的詞，第一個是「我」；第二個是「吾」；第三個是「有道者」。老子心目中只有兩種人，一種是被統治的百姓，一種是身為領導者的聖人。

「聖」字從耳，呈聲，代表耳朵靈巧，聽什麼都懂。一般人眼見為憑，卻還是會受騙，然而聽到的東西往往不在眼前，是否合理，需要仰賴智慧判斷。一般講聰明是耳聰目明，但是聖這個字，是聰明到極點，它原本與德行沒有什麼關係，後來儒家才把聖人當作德行完美的人。老子所謂的聖人，是指悟道的統治者。如果統治者沒有悟道，往往變成暴君，造成百姓的痛苦。所以作為領導者，非覺悟不可，不能覺悟道，就叫作「盲人騎瞎馬，夜半臨深池」。

柏拉圖的理想國特別提到，要設法讓哲學家成為帝王，一個人訓練到五十五歲才符合這個資格。柏拉圖的訓練步驟很清楚，第一，學習具體的知識，可以落實在生活處境中；第二，抽離出具體的事物，達到抽象的程度。譬如我們只見過圓形的東西，但若不見到圓形，圓形就是抽象的，幾何學的圖形都是抽象的結果。經過這個訓練，才能再往上學習音樂的協調，最後心靈可以不受具體事物限制，才能稱作愛好智慧。柏拉圖把身體當作靈魂的監獄，人之所以會犯錯，是因為人有身體。哲學家為什麼只能說是愛好智慧，而不能說是得到智慧呢？因為人有身體。人死了之後才能得到智慧，因為此時只剩下靈魂，不受身體的束縛。有身體就有感官，有感官就會扭曲，使人看不到真相。所以柏拉圖希望訓練到最高的層次，具有辯證思維的能力，可以為百姓提供人生的指引，才能成為哲學家，這種哲學家擔任政治領袖就非常合適。柏拉圖特別強調，政治領袖排名第一位的是教育部長，這要哲學家才能勝任。哲學家甚至可以擔任帝王，因為只有哲學家了解人類的真正幸福何在。對柏拉圖來說，人類的真正幸福只有一個方向，就是擺脫身體各種欲望的限制，過著屬靈的生活，才可得到真正的快樂。從身到心到靈，這才是柏拉圖在理想國中所要強調的。但是一般人只能活在現實世界裡，能夠得到一些正確的觀念就不錯了。

老子和柏拉圖的想法類似，天子必須是一個悟道的統治者，等於是代替道來照顧百姓。古代的天子在《尚書・洪範》裡被稱為百姓的父母，叫作「天工人其代之」。老子筆下的「聖人」是悟道的統治者，現在問題來了，聖人是怎麼出現的？這個問題沒有辦法回答。儒家喜歡對話，《論語》記載了孔子與學生的許多對話，《孟子》書中也以對話為主。《老子》全書八十一章，五千多字中沒有一個「你」字，代表老子根本不把你放在眼裡，為什麼？他同你沒什麼好談的。《老子》一書中都是老子個人反思的心得。但是老子會輕視別人嗎？不會的，老子把百姓當作子女。他只是提醒人們，「道」太難掌握了，一般百姓實在不易了解，因為人有身體，也有世俗的欲望。有人認為老子是愚民政策，愚民主義，要讓百姓無知無欲。其實不然，老子只是認為要讓所有百姓都覺悟，簡直是幻想。

有關聖人的修練過程，可以參考《老子‧第十五章》：「古之善為道者，微妙玄通，深不可識。夫唯不可識，故強為之容。」古代善於行道的人，精微奧妙而神奇通達，深刻得難以理解。古之善為道者就是聖人，他悟道了，很難被我們理解，正因為難以理解，所以勉強來形容他。老子喜歡用「勉強」一詞，因為人的語言用來形容和道有關的事物，都是勉強，必須隨說隨掃。有人說這跟禪宗不立文字有點相近，一落實為文字，反而會變成障礙。如果不使用語言文字，要求直接去感受，又很難說清楚到底是什麼意思。

禪宗二祖慧可向達摩祖師求法，等了好幾天，達摩祖師最後終於開門問他什麼事，他說：「求大師為我安心。」達摩祖師說：「將心來，吾予汝安。」達摩祖師故意用形象化的方式回應，你把不安的心拿來，我替你安。慧可禪師說：「覓心了不可得。」我找不到不安的心，達摩祖師說：「吾為汝安心竟。」我已經將你的心安好了。不安的心是無形的，一旦覺悟，心就回來了。禪宗這些話，就像打啞謎一樣，人往往受制於文字與語言的障礙，構成一個迷霧，所以佛教講究「言語道斷」，言語這條路斷掉了，你一定要突破言語這條道路。用言語來表達各種心得時，到最後是默然無語，一句話都不用說，反而清楚了，反而了解了。

《老子・第十五章》形容古代善於行道的人，「豫兮若冬涉川，猶兮若畏四鄰」，小心謹慎，有如冬天涉水過河；小心謹慎，有如害怕鄰國攻擊。這兩點說明小心謹慎，提高警覺，在世間不要沉迷。接著「儼兮其若客」，拘謹嚴肅，有如在外作客。在家千日好，出門一時難，就是這個意思。但是所謂的拘謹嚴肅，不是說在家裡就不用如此。其實在任何地方都不可疏忽，否則無法排除人間的煩惱。「渙兮若冰之將釋」，自在隨意，有如冰雪消融。「敦兮其若樸」，淳厚實在，有如未經雕琢的木頭。老子喜歡用「樸」做比喻，樸就是原木，木頭一旦經過雕琢，就失去了可能性。誠如黑格爾所說，肯定就是否定。將木頭雕成人像，就不能雕成老鷹了；雕成老鷹，就不能雕成老虎了。你肯定他是一個人，他就不是別的東西，所以肯定就是否定，一旦界定之後，就失去了可能性。「曠兮其若谷」，空曠開闊，有如幽靜的山谷。老子也喜歡用山谷做比喻，因為山谷是虛的，虛才能夠容納萬物，混同一切，有如渾濁的河水。很多人喜歡用清來代表，但是混同一切，就表示不要讓別人發現你太清高，否則還沒修養到家，就成了別人對付的對象。

與儒家大異其趣

蕭師毅教授曾贈予海德格一副對聯，其中一句是：「孰能濁以靜之徐清？」誰能夠在渾濁中安靜下來，使它漸漸澄清？我們每天睡覺之前，要讓今天發生過的事情慢慢沉澱下來，才能安眠，否則一定會帶著複雜的思緒進入夢中。「孰能安以動之徐生？」誰能在安定中活動起來，使它出現生機？早上起床時，我們好像莊子夢見蝴蝶，剛剛醒過來，卻發現自己仍是僵臥不動的莊子。我們剛起床時也是一樣，全身僵臥不動，那麼不要著急，慢慢使身體回復生機，再起來活動。所以，在渾濁中要安靜下來，在安定中要活動起來，動靜要兼顧。老子不是只看一面，一般認為老子偏向讓人靜下來，保持柔弱與安靜；但是另一面老子也要讓你活動起來。如果念了就遠離世俗、沒有生機，誰要念老子的哲學呢？所以這兩句話要對照來看。

「保此道者不欲盈。夫唯不盈，故能蔽而新成。」老子說，持守這種道的人，不會要求圓滿，因為沒有達到圓滿，才能夠一直去舊存新。老子對知的作用從避開災難到啟明，用這句話就足以代表。譬如，我昨天念書念到這一頁，因為讀懂了，心裡很滿意；今天早上起來，就把昨天念的當作舊的，今天才可能再讀新的。如果把過去的成就當作自己最高的成就，那就結束了，如果還活著的話，不是很浪費時間嗎？老子這段話很積極，悟道不是一了百了，悟道之後我覺悟了，但它還是不斷在進展之中。由於道的這種微妙現象，老子稱作玄之又玄。

儒家也有同樣的境界。孟子說，「聖而不可知之之謂神」（《孟子・盡心下》）。所有偉大的哲學，談到人的生命境界，都認為那是不可測量，不可預測，尤其是不可限制的。儒家說不可知之，道家說玄之又玄，佛教說不可思議，基督宗教也稱最高的神為黑暗的、深奧的、奧妙的神，亦即遮蔽的神，拉丁文是 Deus absconditus，意即這個神，絕不能讓你理解。西方人認為用正面的語詞來描述上帝，那一定是錯的，因為祂無法讓人理解，如果用負面的語詞來描述，比較有可能是對的，至少你知道祂不是什麼。

每一種宗教並不是自己另外樹立一個神明，它要表達的其實是人有身心靈，而靈的層面高不可測。這是一種正確的理解，道家的道也是一樣。莊子比老子更活潑，他用四種人來描述悟道者：一、真人，代表很多人是假人；二、神人，神妙無比，代表一般人很遲鈍，都被拖累了；三、至人，最高境界的人，代表一般人比較低俗；四、天人，完全合乎自然的人，一般人是背離自然的。當然，莊子也提出了「聖人」這樣的觀念，但是它有兩種不同的意義，一個是儒家的聖人，莊子對此大加批判，「聖人不死，大盜不止」（《莊子・胠篋》），聖人死去，大盜就不會興起。這裡所謂的聖人，代表人間的帝王，是負面的意思。對於儒家的聖人，莊子認為講仁義有什麼用呢？最後恐怕是假仁假義，不仁不義了。另一方面，莊子的聖人與老子的用法一樣，還有正面的意思。所以在《莊子》書中，聖人具有正、負兩面的意思，而其他四種人所代表的意思都是好的。

人就是人，為什麼還要特地說是什麼樣的人呢？這表示人們一生的修行，就是希望成為真人、神人、至人、天人。老子大量使用「聖人」一詞，並且用「我」、「吾」來說，代表只有老子一人悟道。到莊子的時候，用各種故事來說明，並且在「人」上面用四個不同的字來描述，代表每個人都有希望。這種做法與孔子、孟子的情況有一點類似，孔子只提到「聖」字，以堯舜為其代表；到孟子的時候，就提到四種聖人，聖之時者、和者、清者、任者。這樣接著講而不是照著講，顯示了思想的創新，從簡單到複雜，也讓一般人感覺更有希望了。

我們可以再強調一下，善於行道的人，在任何地方都很謹慎，且內心保持單純樸實，隨時注意防備世間的險惡，最後能夠在渾濁中安靜下來，又能夠在安定中活動起來，能收能放，能進能退，但並不要求最後一定要圓滿。任何事情都是物極必反，這是《易經》的道理，否極泰來，剝極則復。老子通透這個道理，就是因為沒有達到圓滿，所以可以蔽而新成，舊的因此去除，新的因此出現。

我們常誤以為道家比較靜態，儒家比較動態，因為儒家強調日新又新，剛健不已的生命。但如果讀過《易經》就會發現，乾卦日新又新，剛健不已，坤卦也是一樣；馬是最柔順的，但牠也是健行不已。天本身是主動力，剛健不已；地要隨著天而運行，也要剛健不已，只是方式不同，一個是主動前進，一個是被動跟著走，就算被動，也不能停下來。所以，儒家、道家都受到《易經》的啟發，這是沒有問題的，因為《易經》展現了一個圓滿的、原始的道理。

獨立自足

《老子・第二十章》說，聖人和一般人不同，有時候也是孤單辛苦的。「絕學無憂」，去除知識就沒有煩惱。以「絕學無憂」四字作為開頭，因為人生的憂患從識字開始。古人說，小孩沒念書以前，天真活潑，容易滿足，與父母在一起就很開心，可是當小孩了解得愈多，煩惱也愈多。「唯之與阿，相去幾何？」奉承與斥責相差多少？「美之與惡，相去若何？」美麗與醜陋又差別多少？這就是相對的觀念。「人之所畏，不可不畏。」眾人所害怕的，我也不能不害怕，也就是外表要同其他人一樣了。

接著就是有關聖人的描寫，《老子》原本並沒有分章，是王弼開始分的，有些地方分得未必恰當，底下是重點：「荒兮其未央哉！」遙遠啊！差距像是沒有盡頭。「眾人熙熙，如享太牢，如春登臺。我獨泊兮其未兆，如嬰兒之未孩，儽儽兮，若無所歸。」眾人興高采烈，有如參加豐盛宴席，有如春天登臺遠眺。好像只有我一個人很淡泊，看到別人興高采烈，我好像沒有什麼感覺，因為我知道興高采烈的背後，恐怕是另一個長期的等待。好不容易等到一個長假，一般人都會開心的安排假期，讓自己過得很快樂，因為平常的工作壓力太大了。但是快樂過後，壓力反而更大了。西方世界也是一樣，遇到星期一，工作效率特別差，所以有 the blue Monday 的說法。為什麼星期一會憂鬱呢？因為假日太快樂了，所以一上班會覺得特別辛苦。老子的聖人非常淡泊，沒有什麼高潮起伏。好像還不懂得嘻笑的嬰兒，只有最簡單的生理反應，餓了就哭，馬上有人滿足他的需求，吃飽滿足了，沒有別的欲望。這是最原始的情況，意即他本身圓滿自足，不需要外面的人提供各種快樂，或是製造各種煩惱。孤孤單單，好像無處可去。

「眾人皆有餘，而我獨若遺。」眾人都綽綽有餘，唯獨我好像有所不足。老子的聖人是很孤單的，別人什麼都有，但聖人好像有所不足。「我愚人之心也哉，沌沌兮！」我真是愚人的心思，老子把自己說成是愚笨的，渾渾沌沌。「俗人昭昭，我獨昏昏。」世人都炫耀光彩，唯獨我暗暗昧昧。一般人參加像奧運這類的比賽，一旦得獎了，舉國歡騰，炫耀光彩，但是只有我暗暗昧昧，好像始終在那個屈辱失敗的地方。「俗人察察，我獨悶悶。」世人都精明靈巧，唯獨我昏昏沉沉。「澹兮其若海，飂兮若無止。」遼闊啊，好像無邊大海。飄蕩啊，好像無所棲息。「眾人皆有以，而我獨頑且鄙。我欲獨異於人，而貴食母。」眾人都有所施展，唯獨我頑固又閉塞。現在流行上EMBA，唯獨我只知道念國學。在老子看來這是根本，是本體，其他的叫作應用，我所要的與別人都不同，我重視那養育萬物的母體，也就是根本。

老子認為每個人生下來都是一樣的，經過修練之後，才會展現不同的結果，甚至成為聖人。若能了解第十五章和第二十章的內容，然後認真修練，你也可以到達老子這樣的境界。老子談悟道的統治者如何治理，在第三章有具體的說明，「是以聖人之治，虛其心，實其腹；弱其志，強其骨。常使民無知無欲，使夫智者不敢為也。為無為，則無不治。」聖人在治理百姓時，要簡化他們的心思，填飽他們的肚子，削弱他們的意志，強化他們的筋骨。目的是要讓人民沒有知識也沒有欲望，並且使明智的人不敢輕取妄動。只要依循無為的原則，就沒有治理不好的地方。

《老子・第五章》：「天地不仁，以萬物為芻狗；聖人不仁，以百姓為芻狗。」與天地相對的是萬物，與聖人相對的是百姓，可見聖人是指統治者。芻狗是古人祭祀時，用草紮成的狗。祭祀的時候把芻狗放在祭桌上，人要向它跪拜，但是祭祀完之後，就把芻狗丟在地上，有人把它踩扁，有人把它撿去當柴火燒。芻狗的意思是，任何東西都有它發達的時候，舉例來說，今天櫻花開得非常燦爛，但是下個星期桃花要開了，於是櫻花就凋謝了。花與樹木都有綻放生長的季節，只要是當令的，就盡量施展才華，人也是一樣。天地面對萬物的時候，是沒有偏愛的，「不仁」不是沒有仁德之心，在此「仁」是指偏愛，天地對萬物沒有偏愛，一視同仁，這就是把萬物當芻狗；聖人也沒有偏愛，把百姓當芻狗。這個世界的發展，哪一個世紀是什麼民族興起，都有一個大概的趨勢。

拿破崙征服了歐洲，當時英國的海軍最強，法國的陸軍最強，德國什麼都沒有，日耳曼學者兼哲學家費希特（J.G. Fichte, 1762-1814）發表了一篇《告德意志國民書》，提到：「上帝把海洋給了英國，把陸地給了法國，但是把思想的天空給了德國。」自此以後，在西方哲學界，德國哲學家占了半壁江山，法國哲學家就相對弱了很多，因為法國人比較浪漫，喜歡用小說、戲劇、日記等來表達哲學思想，反倒顯得不夠精煉。德國哲學家則是用嚴整的概念來表達，一路下來，德國人占盡了優勢，英美哲學家相對較弱。因為英國哲學家太重視經驗，不喜歡運用抽象的概念，無法提升人的生命境界，從完整而根本的層面去了解。譬如，英國重要的哲學家休謨（David Hume, 1711-1776），他的哲學內涵到最後都被自己分析得索然無味了。美國知名的哲學家羅爾斯（John Rawls, 1921-2002），他的《正義論》探討倫理學與政治哲學，而無法談到形上學的層次，要談形上學，還是要從歐洲去找材料。

自有人類以來，帝國興亡是數不完的。過去巴比倫帝國多麼興盛，現在只剩下遺跡供人憑弔，埃及帝國、羅馬帝國也都曾經輝煌，然而早已煙消雲散，如同芻狗。中國的歷史也一樣，盛世過後就會出現低潮。這時候我們不能不注意老子的想法，千萬不要以為崛起之後，就是永遠繁榮，事實上，興盛衰亡的軌道是必然的。所以，聖人不仁，以百姓為芻狗，不有所偏愛，如果刻意操縱，對某些人好，那麼對另外一些人就不好。由此可知，老子的聖人，確實是一個悟道的統治者，他經過某種特定的修練後覺悟了道。

聖人是怎麼修練成功的？我們常說無為或損之又損，要做到並不容易，因為一般人的生命都有具體的欲望，要吃要喝，享受因而產生，奇技淫巧，愈弄愈奢侈，愈弄愈複雜。光是飲食，就弄出多少不同的菜色、酒的種類就不知有多少。所以在這方面下功夫，是沒完沒了的。不過有些人真的這麼做，也製造了一些趣味。

休謨說過一個故事。有一對兄弟，出身於世世代代專門品酒的家族。有個貴族找他們兩兄弟來品酒，喝了之後，哥哥說：「好酒，但是有點鐵鏽的味道。」弟弟說：「不但有鐵鏽味，還有一點皮帶的味道！」等到這桶酒喝完了，桶裡面果然有一個皮帶，並且皮帶頭的鐵環生鏽了。「雖小道，必有可觀者焉，致遠恐泥。」（《論語・子張》）雖然是小小的技巧，也有它可觀的地方。《世說新語》裡也有個人能吃出飯是用舊木材燒出來的。老子對於細節也很注意，他說任何困難的事情，都是從細節開始。人生所有的一切，都值得仔細觀察，所以道教修行的場所叫作道觀，就是說要多觀察，盡量不要行動，一行動就有主觀的意志在裡面操縱。

第二講：聖人的表現

要了解老子的思想，一定要理解「聖人」這個角色有什麼作用，又有什麼特色。

聖人作為統治者，遇到天下大亂時，應該如何統治？為了明白其中道理，可以參考《老子・第五十七章》：「以正治國，以奇用兵，以無事取天下。」用正規方法治國，用出奇謀略作戰，用無所事事才可取得天下，這三句話頗有深意。治國要用正道，什麼是正道呢？法令規章完備，每一個人都得到適當考核的機會，賢良之士都可以往上提升，國家領導階級都是正派人士，這就是以正治國。但是作戰時就要以奇用兵，出奇制勝，要不然敵手突然來個奇襲，要怎麼反應呢？以無事取天下最難，無所事事才可取得天下，如果有所作為而取得天下，必有後遺症。民主社會所謂的政黨競爭是很辛苦的，永遠在同一個層次上打轉，世界上很難有哪一國的政黨在各方面都很突出。譬如，德國的基督教民主派，其政黨競爭的手段也不見得符合宗教的要求。一日陷入政治的漩渦裡，大家都用類似的手段，結果一起被拉到同一個低層次了。如果採取高尚的道德標準，就很難獲得媒體的興趣。

「吾何以知其然哉？以此。」我怎麼知道是這樣的，是根據以下的事實：第一，天下大亂；第二，聖人要出現了。「天下多忌諱，而民彌貧」，天下的禁忌愈多，人民就愈貧窮。禁忌在古代往往與迷信有關。譬如，小時候聽老人家說山上有熊也有神仙，長大之後上山去，真的發現熊了，卻沒看到神仙，但是老人家講的話我們牢記在心，所以相信神仙的存在。迷信通常就是用這樣的方式傳承下去。所以，要分辨一個人所言是否可信並不容易，我們要避免因為一個人在某個領域表現出色，就盲目地相信他所有的判斷。「民多利器，國家滋昏」，民間的利器多了，國家就愈混亂。民間私藏刀槍，國家當然混亂，黑幫一出動，刀槍幾百枝，百姓怎麼過日子？「人多伎巧，奇物滋起」，人們的技巧多了，怪事就會增加，一個社會最怕太多怪事。「法令滋張，盜賊多有」，法令訂得愈細，盜賊反而變多。法令訂得愈細，違反法律的人就多了，小偷進監獄，出來變大盜。許多大災難，是由小事情開始做成的，所以要調節自己，不要因為一時憤怒，造成不可收拾的結果。

悟道：生而不有，為而不恃，長而不宰

面對天下大亂，聖人云：「我無為而民自化。」我無所作為，而人民自行發展；你愈做事，百姓愈感到苦惱。「我好靜而民自正」，我愛好清靜，而人民自己端正。在上位的人喜歡清靜，百姓只知有統治者，卻不清楚他做了什麼，百姓就可以自己端正起來。「我無事而民自富」，我無所事事，而人民自然富足。所以老子也贊成人民富足，我無所事事，不增加稅收，如果要築長

城、鑿運河，百姓就要做工、要出錢了。「我無欲而民自樸」，我沒有欲望，而人民自然變得真樸。上有好者，下必有甚焉者，因為上行下效。所以孟子說：「不仁而在高位，是播其惡於眾也。」（《孟子‧離婁上》）一個壞人位高權重，他做壞事，百姓看了就有樣學樣。雖然天下大亂，聖人無為、好靜、無事、無欲的四種做法，造成四種良好的效果，總之，聖人的智慧能夠從整體（道）來看萬物。如果漢武帝懂得道家，他會去討伐匈奴嗎？他會想到百年千年之後還不都一樣，又何必太計較。但是匈奴不學道家，攻打過來該怎麼辦呢？於是只好奮發圖強去對抗，反而變成是你被他牽引出來的意氣之爭，與他是同一個層次了。由此可見，要將老子的思想學得透澈，並不容易。

現今社會步入資訊時代，信息來源非常豐富，可是人們的觀念反而容易混淆，無法判定什麼是真的，唯一的方法是讓自己靜下來，心靈才能夠找到出路。

《老子‧第五十一章》最後四句：「生而不有，為而不恃，長而不宰，是謂玄德」，德就是獲得，聖人獲得道的啟發，所以他的作為是生而不有，為而不恃，長而不宰，最神奇的德也就是聖人的表現。第一，生養萬物而不據為己有。一般人都會把孩子據為己有，期望孩子光宗耀祖，但是這種觀念其實有所偏差。我們也曾為人子女，感受到父母殷切的期待，但父母最後還是放棄了這種執著。為人父母的都知道，孩子愈小，父母希望愈大；孩子愈大，父母希望愈小；孩子長大獨立了，父母也毫無希望了。如果明白老子「生而不有」的觀念，就會知道子女不是我所有的，不能把孩子當作自己的替身或延長。第二，為而不恃，「為」代表你做了某些事情，老子的無為是無心而為。沒有人可以完全無為，重要的是「為而不恃」。我辦成了一個事業，但是不要居功。功成而不居很難，功成身退更難。完成一件事情，絕不可能光靠一、兩個人，而是許多條件的配合。最後一句「長而不宰」，能夠引導萬物，而不加以控制。譬如，用服務的方式讓大家跟著我走，而不是我來控制大家，發號施令。

老子的思想符合現代社會的需求，作為一個領袖，就是讓適當的人在適當的位置有所發揮。如果遇到困難，從不同角度去看，會有不同結果。有一個朋友說，最近老闆要讓他升職，他不願意，擔心別人批評他，他也不願意造成同事關係的緊張。我認為到這一步再來想，已經來不及了，第一，為什麼以前表現傑出，讓老闆發現你比別人好呢？第二，老闆因此想提拔你，你卻不接受，不但得罪老闆也得罪同事，反倒兩邊不討好。老闆叫你去你就去，既然個性不喜歡做大事、做大官，就不要表現得太好，既可以保護自己，也不會讓同事感覺壓力。他正好在聽老子的課，我就這樣跟他解釋；他如果聽儒家的課，就會有不同的建議。學習古典國學是很有用的，人到中年，學習道家，特別受用。

《老子・六十六章》講得更清楚：「是以聖人欲上民，必以言下之；欲先民，必以身後之。」聖人想要居於人民之上，一定要言語謙下；想要居於人民之前，一定要退讓於後。有人說這是策略，聖人是不是太深沉了？不過可以設法做得沒有痕跡，練習做得合乎自然。修練的過程，就是要讓你把這些事情做得羚羊掛角，無跡可循。這是一種正確的心態，因為從整體來看，無所謂誰先誰後，誰上誰下。有很多這樣的例子，原本的部下，後來變成頂頭上司，所以不必自我執著。我們知道這是很難做到的，但老子要告訴你，悟道之後就會有這樣的表現。

無為：無心而為，沒有刻意的目的

老子常常談到「無為」，意指無所作為，但是若用「無心而為」來解釋，更符合老子的想法。有一篇報導說，日本有一群心理醫生，受到老子的啟發，體驗到無為是無心而為的意思，於是利用這個方法來治療抑鬱症。試舉一例說明。有個人因為抑鬱症住院治療，週末時，他的朋友帶了鮮花水果去善意探望他，進入病房先問：「有沒有好一點？」當然沒有。接著說：「不要想太多了。」我就是會想那麼多。再說：「看開一點。」我就是看不開。像這樣的問話方式，只會讓他的病情愈來愈嚴重。他休息了五天，稍微恢復了一點，一到週末，親戚朋友的探望又加重了他的病情，也就永遠出不了院了。日本醫生學會無為之後，設法做了實驗。一到週末，有朋友來探病，且慢，先告訴他們規則：帶著自己要看的雜誌或報紙，進了病房，打聲招呼之後，絕不主動問任何話，除非病人問你問題。為何如此？因為一般人說話，都帶有目的性，一見面先問候今天好嗎？這就有目的性，想知道你好不好，希望你變好一點，這種目的性其實帶有某種攻擊性，會給別人帶來壓力。所以訪客最好不要說話，讓病人主動問你問題，他問什麼你答什麼，絕對不要多說半個字，坐下來就看自己的報紙或雜誌。久而久之，病人覺得你在的時候，跟你不在的時候一樣；等你走了之後，他覺得你不在的時候，跟你在的時候一樣。這就是這項實驗的目的，讓病人感覺就算你不在，也一直有人陪伴著他，而且沒有人給他壓力。此後病人慢慢習慣這樣的模式，覺得很自在，也漸漸恢復正常，可以同一般人交往，半年之後就痊癒出院了。

老子的無為是無心而為，什麼是心？心就是刻意的目的，因此，你為還是要為，班還是要上，但不要有刻意的目的。認真盡力做自己該做的事，至於結果怎麼樣，無法盡如人意，但求無愧於心。這話在儒家來說可以通，道家也是一樣。

老子也用到「不得已」三個字，在介紹莊子的思想時，我們會再詳細說明。天下不可能因為聖人悟道就天下太平，《老子》第二十九章到第三十一章，連續三章出現「不得已」。《老子・第二十九章》：「將欲取天下而為之，吾見其不得已。天下神器，不可為也（或作「不可執也」）。為者敗之，執者失之。」想要治理天下而有所作為，我看他是不能達到目的了。天下是個神妙之物，對它不可以有為，不可以控制。有為就會落敗，控制就會失去。這是第一個「不得已」，跟我們一般所謂的無可奈何不相干，它是指不能達到目的。

老子的不得已同莊子的不一樣，莊子的不得已，增加一些隨順的智慧，老子的不得已是描寫客觀的情況，讓你必須採取某些行為，你不能不行動。《老子》第三十章、第三十一章都與戰爭有關，代表戰爭有時候也是很無奈的。

《老子・第三十章》：「以道佐人主者，不以兵強天下。其事好還。師之所處，荊棘生焉。大軍之後，必有凶年。善者果而已，不以取強。果而勿矜，果而勿伐，果而勿驕，果而不得已，果而勿強。物壯則老，是謂不道，不道早已。」用道來輔佐國君的人，不會靠兵力在天下逞強。打仗這種事總會得到報應。軍隊所過之處，長滿了荊棘。大戰之後，必定出現荒年。這是對當時亂世的描寫。善於用兵的人，只求達成目的，而不靠兵力來逞強。達成目的，卻不自負，達成目的卻不誇耀、不驕傲。最重要的是，達成目的卻是出於不得已。

所以老子的不得已，確實是指條件成熟了，沒有選擇的餘地，被迫要還手，然而還手了也一定要記得不要誇耀、不要逞強、不要自負、不要驕傲，不以此事得意，就不會在乎，對自己所造成的牽制就有限。事物壯大了，就會趨於衰老，這叫作不合乎道，不合乎道，很快就會消失。因為達成目的，代表達成一種結果，所以最危險的時候就是戰勝的時候，多少國家，在戰勝之後反而陷入危機。表面上戰勝了，事實上國家內部的建設卻出現問題，動亂就開始了。所以有時最危險的，並不是所知的危險；未知的危險，反而是真正的危險，因此要經常保持警惕。老子的聖人是怎麼修行的，就是隨時警惕，就是要避免陷入不必要的困擾中。

《老子．第三十一章》也和戰爭有關，這幾章可以代表老子的戰爭觀。「夫佳兵者，不祥之器，物或惡之，故有道者不處。君子居則貴左，用兵則貴右。兵者不祥之器，非君子之器，不得已而用之，恬淡為上。」武力是不吉利的東西，人們都厭惡它，所以悟道的人不接納它。君子平時重視左方，使用武力時重視右方。武力是不吉利的東西，不是君子的工具，如果不得已要使用它，最好淡然處之。

《老子》只有第三十章和第三十一章談到的「不得已」和戰爭有關，正好反應了當時的處境。老子並不是完全避世的，他也知道各國在爭強鬥勝的時候，必須有某種立場。後來《孫子兵法‧謀攻》說：「故善用兵者，屈人之兵而非戰也，拔人之城而非攻也，毀人之國而非久也，必以全爭於天下，故兵不頓而利可全，此謀攻之法也。」最聰明的是用謀略，用外交手段，避開直接的戰爭，因為戰爭實在是不得已的手段。如果不得已要發動戰爭，最好淡然處之。「勝而不美，而美之者，是樂殺人。夫樂殺人者，則不可得志於天下矣。」勝利的不要得意，如果得意，就是喜歡殺人，喜歡殺人的人，就不可能在天下得到成功。孟子說：「不嗜殺人者能一之。」（《孟子‧梁惠王上》）和老子的基本立場若合符節。哲學家對於殺人、戰爭這種事的看法都非常謹慎，並且都是尊重人的生命的。「吉事尚左，凶事尚右。偏將軍居左，上將軍居右。言以喪禮處之。殺人之眾，以悲哀泣之，戰勝，以喪禮處之。」（《老子‧第三十一章》）吉慶的事以左方為上，凶喪的事以右方為上。副將軍站在左邊，上將軍站在右邊，這是說，作戰要依喪禮來處置。殺人眾多，要以悲哀的心情來看待，戰勝要依喪禮來處置。古代的習俗是左陽右陰，左陽代表生，右陰代表死，所以戰爭以右邊為主，如同春天代表生，秋天代表殺。聖人不是完全超離世間的，也不能避開時代的各種困難，但是對於像戰爭這種嚴肅的情況，聖人會特別注意防備。

正言若反：辯證思維的特色

聖人說話的時候，有「正言若反」的特色。也就是將正面的言論說得像反面一樣。《老子・第八十一章》：「信言不美，美言不信。」實在的話不動聽，動聽的話不實在。實在的話沒有加油添醋，所以不動聽；但是動聽的話，多數是虛構及裝飾的。「善者不辯，辯者不善。」善良的人不巧辯，巧辯的人不善良。依照這樣的說法，難道善良的人不能學習辯論技巧嗎？倒也不是，所以這裡的「辯」，可以解釋成「好辯」，善良的人不好辯論，事情說清楚就好，說不清楚就會沒完沒了。莊子最好的朋友惠施很喜歡辯論，總是想找機會勝過莊子，但是成功的機會微乎其微。惠施是名家，著重的是邏輯、思辨，完全沒有接觸形上學，只是善用語言技巧。莊子是道家，參透形上學，對他而言，辯論技巧是相對的，很容易從對話裡找到漏洞。「知者不博，博者不知。」了解的人不賣弄廣博，賣弄廣博的人不了解。《老子・第五十六章》說：「知者不言，言者不知。」了解的人不談論，談論的人不了解。所以講解道家老子，常常覺得慚愧，因為這麼做違背老子的原則。

還有其他相關資料，「古之善為道者，非以明民，將以愚之。」（《老子・第六十五章》）從前善於推行「道」的人，不是用道來教人民聰明，而是用道來教人民愚昧，這句話讓老子被當作是一個愚民主義者的證據，然而老子真正的意思是，聰明的表現往往會將事情分辨得很細，因而容易忽略整體。真正的道是整體，從整體來看這是不必要的。《莊子・德充符》借孔子之口說：「自其異者視之，肝膽楚越也；自其同者視之，萬物皆一也。」如果從事物相異的一面去看，身體內肝和膽的分別，就像楚國與越國那麼遙遠；從事物相同的一面來看，萬物都是一體。一般人習慣「自其異者視之」，悟道者則是「自其同者視之」，才是體道的關鍵，這些都是從老子思想演變而來的。

「故以智治國，國之賊；不以智治國，國之福。知此兩者亦稽式。常知稽式，是謂玄德，玄德深矣，遠矣，與物返矣，然後乃至大順。」人們很難治理，是因為智巧太多，因此，以智巧來治理國家，是國家的災禍；不以智巧來治理國家，是國家的福氣。認識了這兩者，就是明白了法則。總是處於明白法則的狀態，就稱為神奇的德，神奇的德深奧啊，遙遠啊，與萬物一起回歸啊，然後抵達最大的順應。德代表萬物從道取得的本性與稟賦，自然狀態的表現就是不要造作。我們一直強調不要有心而為，有心就會造作，就是先設定一個目標一定要達成。當然，很多人會有疑惑，人的世界怎麼可能無心呢？在《老子》裡面不容易找到答案，在《莊子》裡面比較容易，因為莊子的不得已與老子的不得已不太相同。莊子的不得已是指當各種條件成熟時，就順其自然，但是結果如何並不重要。我們學習孔孟老莊的思想，當然是希望能夠體悟儒家與道家的精華，並且應用在現實生活中，但這是不容易的。儒家教人入世，要有責任感；道家教人放開，這兩種思維要怎麼協調呢？我們通常在年輕的時候學儒家，中年之後學道家；上班的時候學儒家，下班之後學道家，或至少放假的時候可以學道家。我們到各地去旅遊的時候，還像儒家一樣到處學習，那就很辛苦了；到處旅遊就同大自然結合在一起，萬物靜觀皆自得，並且要想到老子的話，不要跑得太遠，跑得太遠，知道的愈少，跑得近一點，至少可以看得少，看得深刻。

我曾在荷蘭教書。荷蘭光是阿姆斯特丹就有二十六座美術館，上午都會有老師帶學生來參觀，有工作人員專門講解，這是很好的教育方式。有一天，我有三個小時的空閒，來到一間美術館參觀，得知當天展出六十幅世界名畫，我當然很興奮。但是三個小時看六十幅美術作品，等於一幅作品只能看三分鐘，待全部看完後，我只覺得很多顏色混在一起。老子說「多則惑」，看得太多了，反而什麼都沒有領悟。又有一次，我也趁著三小時的空檔到了美術館，那次只展出一幅畫。我用三個小時的時間認真觀賞這幅畫，最後我看懂了，此後在任何地方看到這幅畫，我都可以講得很詳細。「少則得，多則惑」（《老子・第二十二章》），少取反而獲得，多取反而迷惑，這就是老子的智慧。

《老子・第四十五章》是標準的正言若反的範例：「大成若缺，其用不弊。大盈若沖，其用不窮。」最大的圓滿好像有缺陷，但它的作用不會衰竭。圓滿就是事情達到一個理想的情況，但接下來呢？月圓之後，就會開始月缺，所以最大的圓滿好像有缺陷，但能夠一直展現出它的作用。最大的充實好像很空虛，但它的作用不會窮盡。這兩句話意思相似，圓滿與充實都不要達到極限，因為物極必反。《易經》乾卦上九是「亢龍有悔」，我們做事要設法了解自己的處境，保持較低調的態勢。如果已經是一個單位的最高領導，也要明白這是一個暫時的過程，並且和其他單位相比，也不見得可以掌握全局。我們必須明白一個道理，生命有時而窮，但是心態可以調整。

「大直若屈，大巧若拙，大辯若訥。」最大的正直好像是枉屈，最大的靈巧好像是笨拙。一個人正直卻好像受委屈，委屈也許是人與人相處所造成的特定狀況，許多事情要從長遠的眼光來看，不能只看眼前，如果眼前受了委屈，就要問過去有沒有埋下一些原因，由此可見老子對於人情世故是很通達的。最大的靈巧好像是笨拙，方東美老師在委託學生翻譯他的著作時，特別要求「寧拙勿巧」，因為翻譯往往是笨拙一點比較實在。有時候看翻譯作品，文句太過順暢，我們難免會產生懷疑；翻譯得較為笨拙的，反而看得出原文的痕跡。最大的辯才好像是木訥，說話的要領是：在適當的情況，說出適當的話。人與人相處如果都靠說話，那就同辯論一樣，而辯論就像吵架，能解決什麼問題呢？老子的正言若反在這裡連用了五個「大」，代表不是一般的情況。一般的情況是相對的。如果參加辯論比賽，木訥的人一定是最後一名，但人與人相處，則是真金不怕火煉，路遙知馬力。孔子也說過：「寧武子，邦有道則知，邦無道則愚。其知可及也，其愚不可及也。」（《論語・公冶長》）孔子稱許寧武子，不說他的智慧，反而說他的愚笨我們趕不上。不要以為他真的愚笨，他只是了解所有的情況，在亂世不願意採取正面衝突的手段，而選擇包容的方式。「躁勝寒，靜勝熱。清靜為天下正。」疾走可以克制寒冷，安靜可以化解炎熱，平淡無為是天下的正途，因為平淡才能長久。

老子正言若反的例子還有很多，第四十一章提到「大白若辱」，最純的白有如含垢；「大方無隅」，最大的方正沒有稜角；「大器晚成」，最大的器物很晚完成。為什麼知道天空是藍色的呢？因為有白雲，如果沒有白雲，藍色就看不清楚；月亮什麼時候最美？在水中的倒影最美，因為透過水的清明反照出來。這些都是老子能夠從兩面來看，任何東西都會和它的另外一端對照，才可以凸顯出來。同樣的，我們跟別人相處的時候，剛柔並存，寬猛相濟，老子希望我們保持一種旺盛的、但是不壓迫別人的生命力，光而不耀，可以蔽而新成，不斷地往前走。

《老子》只有五千言，但歷史上解釋老子的書何其多，所以最重要的是老子原典。某一句話讓你看到了什麼？想到了什麼？覺悟了什麼？把每一句話想清楚，加以實踐，就能改變生命，所以每天念一句就夠了。印度有很多人喜歡《泰戈爾詩集》，他們說每天早上起床念一行泰戈爾的詩，就覺得人生充滿快樂。印度人的生活很苦，如果光靠每天早上念一行泰戈爾的詩就能愉悅，我們可以閱讀的經典這麼多，能得到的快樂不是更多嗎？如果覺得念孔孟有壓力，那麼每天早上起來念一章《老子》，保證一整天心情都能超脫，工作沒什麼壓力。從整體來看每一個人，每一個人都值得欣賞，這就是道家的精采見解。

第三講：聖人的榜樣

聖人有什麼地方可以讓我們學習呢？他所表現出的智慧有什麼特色呢？我們分三點來看：第一，為道日損。「為學日益，為道日損。損之又損，以至於無為。無為而無不為。」（《老子・第四十八章》）為道日損的「損」代表要減少，首先要確定人本來有什麼東西。一個人很自然地會得到一些知識，像區分的觀念，這些觀念會構成各種成見。成見就是人受到某種觀念的影響，依此認定這就是對的，那就是錯的。當人要去追求道的時候，因為道是一個整體，就好像身在山中，無法得知山的原貌，所以要設法把自己的局限去掉。損就是要把人這一生從外面得到的東西，例如成見、偏見等各種不正確的知識去掉，另一方面要避免依感覺來思考，這些都是相對的，它無法告訴你真正的整體是什麼。一般來說，知識有個特色，分而不合，像是大學讀某個科系，就會依據這個學科的思考架構去看世界，因而產生了限制。譬如，學天文學的人看月亮，會覺得只是個星球，沒什麼特別；學文學的人看月亮，可以有很多想像，「舉杯邀明月，對影成三人」，多美！所以為道日損，就是把這一生所得到的觀念，設法減少去掉。不過問題又來了，要是這麼做，到最後不就什麼都沒有了嗎？

為道日損：去欲，不爭

有人問我，道家認為不要分辨善惡，但我們生活在世間，怎麼可能不分辨善惡呢？其實老子不是叫我們不要分辨，而是要我們寬容，了解別人為善為惡，有其一定的條件；善不見得真是善，惡不見得真是惡，善與惡是相對的概念。人既然生活在社會之中，一定會使用善惡判斷，否則就變成不分是非的鄉愿了。老子希望我們寬容，不要用一般的認知來做判斷，判斷時不要以為這是唯一的標準，因為價值是相對的。若能體悟這一點，就會慢慢改變，不再去挑剔、責怪別人，最後可以無心而為。與其批判、作為，不如理解、欣賞，這就是老子的態度。

如何透過修練，落實老子的為道日損呢？可以參考《老子・第二十九章》：「是以聖人去甚，去奢，去泰。」要去除極端，去除奢侈，去除過度。第一，去甚，去除極端，做任何事都不要太極端。「甚」字孟子也用過，「仲尼不為已甚者。」（《孟子・離婁下》）孔子做任何事都不過度。有時候當我們的情緒發洩出來，很容易走向極端，愛到底、恨到底，生命好像就只是個發洩情緒的管道而已，這不是很可惜嗎？老子不是沒有情緒，他講的是聖人去除極端，走中間路線，就是「扣其兩端而竭焉」（《論語・子罕》），任何事情都要問兩端是什麼，自然而然可以找到出路。

第二，去奢，奢就是奢侈。能夠一句話講完，就不要說兩句話，話說多了只是浪費時間，至於物質資源更容易奢侈。打開水龍頭，多少水沒經過手，就純粹流走了，這不是奢侈嗎？所以很多人談到環保議題、自然生態，就和老子的觀念產生連結。儒家沒有特別談到環境保護的問題，因為古時候科技不發達，對自然界沒造成什麼傷害，談環保不是強人所難嗎？環保的概念是因為人傷害了自然界，才想要去保護它，如果只是自然的使用，說要特別保護，不是刻意造作嗎？

第三，去除泰，「泰」代表過度。泰本來是很好的字，也是《易經》裡的一個卦象，否極泰來的泰，把泰去掉，代表要低調一點。做事時低調一點，讓別人察覺不到你的作為，最怕的是做事時太過張揚，還沒做成就招來很多批評。「民之從事，常於幾成而敗之。慎終如始，則無敗事。」（《老子・第六十四章》）一般百姓做事，常常都是在快成功的時候失敗，若是面對結束時也能像開始時那麼謹慎，就不會招致失敗。這就是我們常說的「行百里者半九十」，走一百里路的人，到了九十里只能算一半，最後十里才是考驗。人生也是一樣，做一件事不到最後一步絕不放鬆，孔子也要求學生子路「臨事而懼，好謀而成」（《論語．述而》）。

聖人最有名的是「不爭」，老子說過兩次，就是因為不爭，所以天下沒有人可以與他爭。「以其不爭，故天下莫能與之爭。」（《老子．第六十六章》）、「夫唯不爭，故天下莫能與之爭。」（《老子．第二十二章》）我有時候會開玩笑說，我下圍棋從來沒輸過，因為我從來不下圍棋；我打高爾夫球也沒輸過，因為我沒打過。我不爭，天下沒有人可以跟我爭，這不是很有趣嗎？學會這一招，可以自我解嘲，不必事事都那麼緊張。

有關第二十二章的相關內容，是標準的正言若反，這不是老子故弄玄虛，而是辯證（正反合）的方式，正和反是對立的，不能只講正不講反。「曲則全，枉則直，窪則盈，敝則新，少則得，多則惑。是以聖人抱一為天下式。不自見，故明；不自是，故彰；不自伐，故有功；不自矜，故能長。夫唯不爭，故天下莫能與之爭。古之所謂曲則全者，豈虛言哉！誠全而歸之。」彎曲才可保全，委屈才可伸展，低窪將可充滿，敝舊將可更新，少取反而獲得，多取反而迷惑。颱風的時候，柳樹的枝條會彎曲，所以得以保存；松樹堅硬挺直，很容易被吹倒。毛蟲一定要弓起身體才能前進。杯子裝滿水了，還能裝什麼呢？買一棟新房子還能怎麼更新呢？所以舊和新、低和高、彎和直、少和多都是彼此相對，這也稱為正言若反，其中也有辯證的關係。接著，聖人持守著「道」，作為天下事物的準則，不局限於所見，所以看得明白。要了解一個人，不能夠只顧及自己的看法，還要多了解別人怎麼看他；同樣的，我們看自己也不能太主觀，要知道別人怎麼看自己。老子也說不以自己為對，所以真相彰顯。如果以自己為對，只能看到自己所選擇的真相，這樣反倒會產生盲點。不誇耀自己，所以才有功勞；即使有功勞，一旦誇耀之後，那麼別人還需要稱讚你嗎？不仗恃自己，所以才能領導。我們常常強調以服務代替領導，也是老子的想法。項羽雖然比劉邦有能力，但是他仗勢己力；反觀劉邦知人善任，延攬天下人才，最終項羽雙拳難敵四手，何況是萬箭齊發。接著，正因為不與人爭，所以天下沒有人能與他相爭。不與人爭，人緣比較好，一個團體之中，有些人的人緣特別好，別人要什麼他就讓，但是他是真的沒有能力嗎？倒也未必。

人生的選擇始終困難，沒有一本經典可以讓人按表操課，保證成功。坊間有很多書談到成功術，強調只要按照幾個步驟去做，一定可以成功。但那是不可能的，因為情況隨時在變，尤其是與你相對的人隨時在變。我在很多地方講過課，首先要了解聽課的對象。對我來說，最大的挑戰不是大人，而是小朋友。我曾應邀為五年級的小朋友講解國學，我跟他們講道理，他們立刻吵成一團，最後只好跟他們說故事。

成功無法成為一門學問，它是一個概念，如果真要了解，可以參考四點：第一，目標明確。活著要知道自己目標何在。無論什麼角色，如果沒有目標，生命就散開了，就像亂槍打鳥，浪費生命。第二，全力以赴。一個成功的人，知道目標何在，所以他願意去奮鬥。第三，自得其樂。成功的人一定快樂，如果一個成功的人，每天生活緊張，最後導致生病，那當然是失敗，所以快樂與成功不能分開。為什麼人在奮鬥時還是快樂的呢？其實是要自己想辦法調節的。奮鬥本身很少有快樂的，但是知道自己為了什麼而奮鬥，心態就不一樣了，有目標之後當然願意奮鬥，也才可能自得其樂。最後的關鍵是提升心靈。做成這件事，心靈因而往上提升，做成下一件事，心靈又再提升。人若想要成長，可以效法孔子，「十有五而志於學，三十而立，四十而不惑，五十而知天命，六十而順，七十而從心所欲不踰矩。」（《論語・為政》，此處說「六十而順」，詳情可參考作者介紹孔子的書）在短暫的人生中，我們到底成就了什麼？孔子之所以是孔子，因為他每隔十年就脫胎換骨變成更好的人，展現出更高的生命境界。而我們只是一般人，是因為我們的心靈沒有提升，頂多外表變老了，偶爾聽到別人說自己看起來很年輕，就高興半天，這其實是很幼稚的想法，難道需要靠別人稱讚才覺得自己年輕嗎？年輕不年輕並不重要，如果可以活到八十歲，表示六十歲很年輕；如果只能活到六十歲，那五十歲就很老了。所以，從整體來看，年紀根本不重要，我們要把握的是當下。

王弼二十三歲就注解《老子》，就是因為領悟這個道理；顏淵如果有著作，肯定也有影響力。自古以來，聰明的年輕人很多，以《世說新語・言語》類的故事為例，謝鯤家裡來了幾位客人，兒子謝尚才八歲，跟著大家一起閒談，才思敏捷，可以置身名流之中。謝鯤送客時，大家都讚嘆：「這麼年幼的人才，真是座中的顏回啊！」謝尚居然接著說：「在座的並沒有孔子，怎麼分辨出誰是顏回？」像這樣的孩子，你就知道他長大之後不容易過日子了。世間有聰明人，也有天才，但是天才特別要學道家的思想，才能懂得收斂，不到適當時機，不要過於表現，否則生在魏晉時代，只能用六個字來形容，「名士少有全者」，有名的讀書人很少有能保全性命的。為什麼老子特別強調要節制、要屈辱？因為不爭，則天下莫能與之爭。在亂世之中，道家的影響力特別大，可惜魏晉時人雖然喜談《老》、《莊》、《易》，但他們理解了多少？如果真的懂了，就會有不同的生活態度。

知病不病：平靜，自得

《老子・第七十一章》說：「知不知，尚矣；不知知，病也。聖人不病，以其病病。夫唯病病，是以不病。」知道而不自以為知道，最好；因為自以為知道，就可能有特定的立場，甚至恐怕你以為自己是對的，別人是錯的。不知道而自以為知道就是缺點。聖人沒有缺點，是因為他把缺點當作缺點，正因為他把缺點當作缺點，所以他沒有缺點。人最怕沒有把缺點當缺點，能把缺點當缺點，就會改正，要不就會藏拙，這也是道家的想法。其實每個人都有自己的缺點，有時候不是主觀上的作為，而是客觀上所造成的處境，因此聖人知病不病，了解自己的缺點，就不受缺點所限制。

缺點有時來自性格，西方有一句話說，「人的性格就是他的命運」，所以首先要了解自己。如果不了解自己，又有誰能告訴你這一生該往哪裡走？照別人的模式來走，不見得是正確的，因為每個人都有特定的條件。了解自己，知道自己的缺點，就是一個好的開始。孔子也說過：「人之過也，各於其黨，觀過，斯知仁矣。」（《論語・里仁》）人的過失是隨著他的性格類別而來的，觀察一個人的過失，就知道他應該往哪裡走。「仁」代表人生的正路。我們常說，人最大的敵人是自己；另一句話也很重要，人最好的朋友也是自己。不能和自己做朋友，活著會很孤單，因為你跟自己是敵人，常常需要別人來支撐你。王陽明說：「去山中之賊易，去心中之賊難。」有形可見的敵人很容易趕走，去掉與生俱來、從小養成的偏差觀念卻很困難。和自己做朋友就是了解自己，接受自己，不要對自己太嚴苛，以免感受到太大的壓力。如果可以與自己保持和諧，就可以讓自己善處孤獨。一般人都害怕孤獨，老子、孔子也都有這種感慨，但是他們自得其樂，因為他們了解自己，和自己做朋友。

其實現代人要化解這種壓力是比較容易的，喜歡聽音樂，就好好聽；喜歡看美術作品，就好好欣賞。透過藝術感受人類生命的普遍相通，表達個人內心對某種境界的嚮往，這些都可以藉聽覺或視覺的媒材來做到。也有人利用自然界的美景，看著天上的浮雲，想像成白雲蒼狗，心靈自然可以放鬆。

智慧所彰顯的美

老子的智慧值得我們欣賞，「和大怨，必有餘怨，安可以為善？是以聖人執左契，而不責於人。有德司契，無德司徹。天道無親，常與善人。」（《老子・第七十九章》）聖人的作為和一般人不同，聖人認為重大的仇怨經過調解，一定還有餘留的怨恨，這樣怎麼算是妥善辦法？因此，聖人好像保存著借據的存根，而不向人索取欠債。有德行的人像掌管借據那樣寬裕；無德行的人像掌管稅收那樣計較。不向人索取欠債，代表非常寬容，人跟人相處總有不方便的時候，我也有幾個朋友向我借錢不還。我們前面說過，「楚王失弓，楚人得之；人失弓，人得之；失弓，得之」，錢是供人使用的，沒有就沒有了，不要太放在心上。如果把老子的思想運用在生活上，會覺得人生比較寬裕也比較自在。接著是一句很美的話，「天道無親，常與善人」，自然的規律沒有任何偏愛，總是與善人同行。道家並非不談善惡的分辨，一般社會對善人的判斷，在正常情況下，也是指憑良心做事，行為正當的人，而不會善惡顛倒。天道沒有特別偏愛，常同善人走在一起，代表善人還是得到很多人的支持與肯定。

道、天之道、人之道、聖人之道這幾個概念，是我們接觸老子思想時需要分辨的。道是究竟真實，最後的本體，學習道家就是要覺悟這個整體，這個永恆的道。天是自然界，沒有受到人為的影響，天之道就是自然界的規律，像羅網一樣廣大無邊，雖然疏鬆卻沒有任何漏失。老子談天之道的時候，特別反映天的作用，像「玄德」，神奇的德，都屬於類似的概念，因為它們的作用是相似的。人之道所指的是一般人，人之道與天之道不同，所以，這中間會有聖人之道，說明聖人做人處事的原則和途徑，聖人與道是相配合的，但是一般人與道是相背離的。這一點在《老子．第七十七章》說明得最清楚，「天之道，其猶張弓與？高者抑之，下者舉之；有餘者損之，不足者補之。天之道，損有餘而補不足。人之道則不然，損不足以奉有餘。孰能有餘以奉天下？唯有道者。是以聖人為而不恃，功成而不處，其不欲見賢。」自然的法則不就像張弓射箭一樣嗎？角度太高就要壓低，角度太低就要抬高；力量過頭要減輕一些，射程不到就多用點力。天之道是過滿了就減少一些，不夠滿就補足一些，這是保持平衡，達到長期穩定的方法。自然的法則，是減去有餘的並且補上不足的。人世的作風就不是如此，是減損不足的，來供給有餘的。天之道是把多的拿來補給少的，這邊下雨下久了換那一邊下雨；那裡豐收了，換另外一個地方豐收，不偏愛某一方，如果有問題，則是人為的災難，天之道是一個平衡的狀態；但是人為的作風是把不足的拿過來，去補給豐盈的，於是貧者愈貧，富者愈富，現代社會不就是如此嗎？真正的社會主義國家，強調社會福利，應該要向富者多徵收一點稅，來幫助弱勢團體，這才是合理的。

別以為資本主義國家收稅都很公平，我在荷蘭教書的時候，很多荷蘭人表示他們喜歡去比利時買房子。荷蘭和比利時兩國是鄰居，荷蘭人只要過了邊界到比利時買房子，就能節稅。荷蘭人的社會福利辦得很好，所得愈高的人，稅率愈高，辛苦賺來的錢被扣稅，一般人內心當然會不平，便會想方設法節稅；貧窮的人則認為反正有政府照顧，也不需要這麼辛苦奮鬥。學會道家之後，就會了解到這種平衡是要考慮的。誰能把有餘的拿來給天下人？只有悟道的人能夠如此。因此，聖人有所作為而不仗恃己力，有所成就而不自居有功。這一段的內容很明顯，一開始講天之道，中間講人之道，最後是聖人出現，代替天做他該做的事。

最後，《老子・第八十一章》：「信言不美，美言不信。善者不辯，辯者不善。知者不博，博者不知。」實在的話不動聽，動聽的話不實在。善良的人不巧辯，巧辯的人不善良。了解的人不賣弄廣博，賣弄廣博的人不了解。「信言、善者、知者」都以「真實」為試金石，亦即表裡如一，內外一致。若是加上意念或企圖，就會變質為「美言、辯者、博者」。能夠不受後者所惑的人並不多。「聖人不積，既以為人己愈有，既以與人己愈多。天之道，利而不害；聖人之道，為而不爭。」聖人的作為，一方面讓人讚嘆，另一方面也能顯示他內心平靜愉快，而產生特殊的美感。聖人沒有任何保留，盡量幫助別人，自己反而更充足，盡量給予別人，自己反而更豐富。這是如何達成的呢？第一，以金錢而論，有兩種意思：一種是我把金錢給別人，我內心很豐富，等於是我所給的與我豐富的，是兩個不同的東西，因為金錢給人之後，自己就不可能再擁有金錢，所以豐富的是內在的心靈滿足感。這是第一種理解，有些人可以做到。另外一種是有愛心，但不牽涉到金錢，老子對金錢也沒有太大的興趣。第二，關懷別人，我愈關懷別人，我的力量愈大。有一句話說：「物質有時而窮，精神愈用愈出。」如果發生了災荒，我開倉救濟百姓，米糧必定會用光，也就是物質有時而窮。人的精神愈用愈好，是因為精神的彈性比較大，身體的彈性比較少。子曰：「發憤忘食，樂以忘憂，不知老之將至云爾。」（《論語・述而》）孔子一旦發憤追求什麼目標，努力念書思考，就會忘記吃飯。一般人如果只是坐著發呆，不到中午十二點肚子就餓了，下午不到六點肚子又餓了，由於沒有別的目標，只注意到身體的需求。人在身之外還有心，在心之外還有靈，這三個層次構成生命的整體，就看你把重點放在什麼地方。

「既以為人己愈有，既以與人己愈多。」不要只限制在物質上，因為物質是我給別人愈多，我自己愈少，所以富人不太敢大方，要不然大家都跑來向富人募捐，富人當然受不了。有些人在捐錢時會喜歡用無名氏，否則所有的慈善團體都跟他要錢，有錢人也就變成窮人了。因此，有錢人如果吝嗇，恐怕也是不得已的，因為對一個人大方，對其他人該怎麼辦？這是有錢人的現實處境，不過也只把握到一半的道理，給別人錢之後，我的錢就變少了，這是簡單的算術。但是，第二種狀況是，我給別人金錢，內心因而富足，這就是行善最樂。行善是我付出了財物，付出了力量，但快樂是屬於我自己的。這些財物用在別的地方，不見得使我快樂，比如用這些錢去吃東西，不但不快樂，反而可能罹患富貴病。我用這些錢去幫助孤兒院的小朋友，內心反而快樂，盡量給予別人，自己反而覺得更豐富。當然，最好的方法是用愛心來關懷，因為物質有時而窮，用愛心來關懷別人，會發現愛心是愈來愈多的。人當然會疲倦，但是精神世界有不同的能源，他的能量跟現實世界的物質能量是不一樣的。這些都是老子思想的啟發。

老子提到「聖人不積」的觀念，是很特別的想法。此語可參考《莊子・天道》：「天道運而無所積，故萬物成；帝道運而無所積，故天下歸；聖道運而無所積，故海內服。」自然之道的運行是不停滯的，所以生成萬物；帝王之道的運行是不停滯的，所以天下歸順；聖人之道的運行是不停滯的，所以海內欽服。老子主張「不積存、不保留、不停滯」，讓一切回歸於「道」，渾然無所分，如果做到「既以為人，既以與人」，就會更近似「道」，亦即接近圓滿無缺的境界。《莊子・田子方》說：「既以與人，己愈有。」以此形容「古之真人」。

老子有關「聖人」的概念是相當重要的。一般人以為只有儒家談聖人，就是孔孟推崇的堯舜。我們要注意，道家也談聖人，道家的聖人是悟道的統治者，以智慧為主，憑藉的是「致虛極，守靜篤」（《老子・第十六章》），意思是追求「虛」，要達到極點；守住靜，要完全確實。靠著虛與靜，無異於排除感官與認知的分辨作用，化解欲望與行動的具體作為，然後再覺悟由道而來的「永恆的與無限的層面」。依此觀之，萬物的變化不再使人困擾，萬物的有限也不再使人遺憾。從體驗「真實」出發，可以抵達「審美」之境，因為心靈敞開，無所不容，天下又豈有不可欣賞之人，又豈有難以欣賞之物？

主題四：三寶足以安身

第一講：慈：慈愛對待人與物

如果我們學習儒家思想，沒有讀到《論語・公冶長》孔子說自己的志向是「老者安之，朋友信之，少者懷之」，就難以理解像孔子這麼偉大的哲學家，他的一生想完成什麼。至於老子，並沒有任何特別的志向，他以「聖人」作為自己的化身，在第六十七章提到「三寶」：慈，儉，不敢為天下先，這是告訴一般人學習道家的具體做法。

「天下皆謂我道大，似不肖。夫唯大，故似不肖。若肖，久矣其細也夫！」天下人都認為我的道太大了，似乎什麼都不像。正因為它太大，所以似乎什麼都不像。如果像是什麼東西，早就變得很渺小了。

道無所不在，所以勉強稱之為「道」。人所見者陸地為大，但海洋比陸地更大，法國作家雨果說：「天空又比海洋更大，然後，人的心可以比天空更大。」若是由老子來回答，則是：「人的心可以悟道，所以道有多大，人的心也可能有多大。」

《莊子・秋水》談到：獨腳的夔羨慕多腳的蚿，蚿羨慕蛇，蛇羨慕風，風羨慕目，目羨慕心。風再怎麼吹，也比不上眼波流轉，可以任意望向四面八方；目再怎麼轉，也比不上起心動念，隨時可以涵蓋古今。所以人的生命，「心」是一切的關鍵。心能定，世界都定了，無論是太平盛世或亂世。如同慧可禪師求達摩祖師為他安心一樣，這個問題普遍且長期有效，每隔一段時間我們就要問，怎麼樣才能安心呢？我們隨時要對一段時間內所做的事情，重新檢討。道永恆不變，萬物始終在生滅變化當中，而道永遠不受影響。這就是老子深刻的心得。

以道為母，母之愛惜子女（萬物）

老子的具體做法是：「我有三寶，持而保之。一曰慈，二曰儉，三曰不敢為天下先。」我有三種法寶，一直掌握及保存著，第一是慈愛，第二是儉約，第三是不敢居於天下人之先。老子用「慈」這個字來形容母親。一般人的印象是「嚴父慈母」，雖然也有「嚴母慈父」，不過母親畢竟是生育子女之人，所以會對子女全然包容。道是萬物的母親，所以老子的第一寶就是慈，這並非老子閉門造車，而是從道來看，因為道生出萬物，對道而言，萬物就是子女。

帛書本《老子・第一章》：「道，可道，非常道。名，可名，非常名。無名，萬物之始；有名，萬物之母。」在這裡已經出現「母」的概念。人類有理性，在進行認識作用的過程中要運用概念。「名」是名稱或概念，是言語及思想的基本單位。名稱是用來指涉真實之物，任何東西的存在首先需要有名稱，沒有名稱對人類而言等於不存在。譬如，天文學研究在發現新的星球時，就會為它命名，大家就能認識與討論。因此，「無名」代表萬物的始源，是思想無法企及的階段；「有名」代表萬物的母體，有「母」就有子，道是萬物的母親，萬物是道的子女，配合其名稱一一呈現。

舊版《老子》的第一章是：「道，可道，非常道；名，可名，非常名；無名，天地之始，有名，萬物之母。」有名是萬物之母，而「天地」這兩個字就是「名」，那麼，要如何說明天地和萬物之間的關係？如果根據帛書版，以「無名，萬物之始」取代「無名，天地之始」，並且王弼的注也說：「未形無名之時，則為萬物之始。」他也是只說「萬物」而不說「天地」。這是因為道才能生萬物，天地不能生萬物，天地只是萬物出現的場所，上有天，下有地，中間是萬物。這個論點和《易經》不一樣。《易經》講乾坤，乾坤象徵天地，依此比喻為父親、母親，再生出三男三女，可以用另外六卦來象徵。老子的說法是，能生出萬物的只有道，而天地也是道產生的。《老子・第二十五章》也說：「有物混成，先天地生。」一般常聽說的「天地生萬物」在這裡不能成立。在老子的思想裡，道才能生萬物，天地也是萬物之一；就好像聖人面對百姓時，聖人也是百姓之一，但他是悟道的統治者。這樣的分辨也說明了道和天地的關係。

老子用「慈」來形容母親，道就是母親，這使得道家後來演變成道教，在宗教的性格上就有特色了。西方有三大一神教，猶太教、基督宗教（天主教，東正教，基督教新教）、伊斯蘭教，這三大一神教的神都是屬於陽剛的，是屬於父親的角色，要求正義，所以最終要審判。目前全世界信仰基督宗教的信徒有二十幾億人，伊斯蘭教信徒有十幾億人，他們都相信人死之後要接受審判。也就是人只有一次機會，在短短不到一百年的人生中，行善的升天堂，為惡的下地獄。就像賭博，贏的全拿，輸的就一無所有了。問題是，如果審判像法庭一樣要求正義，那麼人間並不公平，因為每個人的天賦條件不一樣。如果有人跟上帝抱怨，說他如果擁有更好的條件，他會超凡入聖，一定可以上天堂，這時上帝必定無法回答。所以信仰三大一神教的人，常常會覺得上帝的考驗是不是太多太重。同樣是一生，為什麼有人過得那麼輕鬆，有人過得那麼辛苦？相反的，印度教與佛教主張輪迴，給人無數次機會重生。但這樣會比較好嗎？究竟要輪迴多久呢？誰能保證每一個人都會改善？如果有人愈輪迴愈壞，那怎麼辨呢？這個世界從來不缺壞人，所以到最後輪迴就變成無止境的了。三大一神教給人很強的責任感，人要為這一生負責。可是當輪迴的觀念產生，很容易導致一個人變得沒有責任感，反正我今生做不好，還有來生；來生做不好，還有下一個來生。所以世界上兩大系統的宗教都有其困難，因為他們把父親與母親的兩個角色分開了。講輪迴的宗教，特別重視母性的慈愛，總覺得要給人一個新的機會，但永遠給下去也不是辦法。基督徒也發現這個問題，耶穌說上帝喜歡仁愛勝於祭獻，也就是說，與其拜神祭獻，還不如慈悲助人。但無論如何，最後終究要面對審判。天主教經過長期的演變，也希望能兼顧嚴父與慈母兩方面。

儒家比較偏向父性，以直報怨；道家比較偏向母性，以德報怨。不過孔子說過：「仁者必有勇，勇者不必有仁。」（《論語‧憲問》）仁代表善心善念，願意行善，關懷別人，這也偏向母性。孟子喜歡講義，義就是適宜、正義，討論善惡的報應，所以孟子對楊朱、墨翟的批評相當嚴厲。孔子則相對溫和，「道不同不相為謀」（《論語‧衛靈公》）；「攻乎異端，斯害也已」

（《論語・為政》）批評跟自己不一樣的立場，會造成後遺症。孔子比較偏向仁，和孟子的義相比，是比較寬厚的。孔子說：「仁者必有勇。」有仁德的人，一定有勇敢；老子則說：「慈故能勇。」真正的慈愛，會帶來勇氣。有愛心的人，做好事會很勇敢，我們說「女子雖弱，為母則強」，就是這個道理。

與各大宗教的觀念對比之後，我們發現老子在人類思想史上確實有其地位，他就人類最根本的兩個需求，仁愛和正義之中的仁愛，講得特別透澈。《老子・第二十七章》特別談到「善」，在這裡是指「善於做什麼事」。「善行無轍跡」，善於行走的，不會留下痕跡，因為踩著別人的足跡行走，不另外自己製造新的足跡。電影裡演出如何越過地雷區，也都是踩著別人的足印才安全；「善言無瑕讁」，善於說話的，沒有任何瑕疵，別人抓不到漏洞和把柄；「善數不用籌策」，善於計算的，不使用籌碼，也許籌碼也不一定標準；「善閉無關楗而不可開」，善於關閉的，不用拴鎖別人也開不了。這比較難以想像，恐怕有一些專門的技術；「善結無繩約而不可解」，善於綑綁的，不用繩索別人也不能解。這讓我們想到孫悟空用金箍棒在地上畫一個圈，保護唐僧。

這也可以應用在語言約定上，兩個人打賭，如果能夠讓人從屋裡走出來就勝了。有一個人說：「我沒辦法讓你走出屋裡，但我可以讓你從屋外自願走進屋裡。」於是聽者心甘情願走出屋子，而說話之人便贏得這場比賽了。高明的語言，就像這句話所說的，能夠綑綁人，但不用繩索，別人也不能解。

「是以聖人常善救人，故無棄人；常善救物，故無棄物。是謂襲明。」聖人總是善於幫助別人，所以沒有被遺棄的人，就像在母親心目中沒有無可救藥的孩子，會想盡辦法去幫助他。總是善於使用物，所以沒有被丟棄的物。這叫作保持啟明狀態。人身難得，即使誤入歧途，我們都相信人能改過遷善。對於物的使用，以現在的科技，甚至能將垃圾提煉轉換為資源。陶侃也有這麼一則小故事，當時官府造船，常常留下許多木屑和竹頭，人們多半掃掉或是燒掉，但是陶侃卻吩咐人全都收拾起來，收藏在倉庫裡。後來新春過節，荊州官員都到官府來拜見陶侃，恰好前幾天下了幾場大雪，是日天氣放晴，積雪融化，大廳前面又濕又滑，不好走路，陶侃就吩咐管事的官吏，把倉庫裡的木屑拿出來鋪地。又有一次，東晉水軍造一批戰船需要竹釘，陶侃又叫人把收藏起來的竹頭拿出來，給兵士去做造船用的竹釘。這時大家才知道陶侃蒐集木屑和竹頭的用處，佩服他考慮得周到。天下沒有任何東西是沒有用的，自然界不跳躍，"The Nature does not leap." 代表每個環節都是不可少的，沒有任何東西是無用的。聖人就像母親一樣，對於人跟物都同樣珍惜。

「故善人者，不善人之師；不善人者，善人之資。不貴其師，不愛其資，雖智大迷，是謂要妙。」善人是不善人的老師，不善人是善人的借鏡。不尊重老師，不珍惜借鏡，即使再聰明也免不了陷於困惑，這是一個精微奧妙的道理。善人為「師」，不善人為「資」，兩者合稱「師資」，正有互相學習、期許、珍惜之意。由於今日學問分類細密，在此為師者，在彼為資，兩者互相需要，而不必涉及善與不善。這一章的內容讓我們了解聖人是怎麼對待人和物。所有存在之物皆值得珍惜，道生出萬物，所以萬物必有存在的理由。人的生命更是奇妙，一個人排除萬難出生，在這個世上必有屬於自己的位置，這是其他生命無法取代的。對老子而言，「慈」是一種最普遍的心態，沒有人是應該被放棄的，沒有物是應該被丟棄的。從慈才能延伸到儉，節儉就是捨不得浪費，和慈也有關係。

《老子・第四十九章》又出現善與不善的關係，「聖人常無心，以百姓心為心。」聖人總是沒有意念，而是以百姓的意念作為自己的意念。為什麼聖人沒有意念呢？這就是「無心而為」，聖人可能出現在不同的時代，而不同的時代有不同的情況。如果要達到一定的理想，促成天下太平，但如果沒有相應的條件，就無法成功。老子的智慧，就在他寫下的五千言裡，等待適當的時機實現理想。「聖人常無心」一語，王弼本作「無常心」；現在依據帛書乙本「恆無心」而改為「常無心」。如果原文作「無常心」，意思是「沒有固定的意念」，與「無心」相近；不過，如此一來，「常心」淪為貶義，而「常」字在老子書中是沒有貶義，且莊子亦曾肯定「常心」。《莊子・德充符》：「以其知得其心，以其心得其常心。」意思是，經由智力去把握主導自我的心，再經由主導自我的心去把握普遍相通的常心。

「善者，吾善之；不善者，吾亦善之；德善。」善良的人我善待他，不善良的人我也善待他，這樣可使人人行善。通常對於不善良的人，我們就不喜歡，好的朋友你對他很好，壞的朋友你就會對他剛正嚴明了。如果依照老子的說法去做會不會姑息養奸呢？善良的人會不會因此而想，我不善良你也還是一樣會對我好。這種假設有時候不能成立，因為善良的人之所以善良，一定是自己做了某種選擇，所以他可以善良；不善良的人，可能有某種其他的因素，而使他不善良。聖人都對他們善良，就可以使不善良的人覺得不好意思，改過向善，也有很多是因為別人對他慈愛而改邪歸正的例子。每個人的環境不同，有些人從小就碰到凶悍的人，他的性格也變得凶悍，直到有人對他很仁慈，他受到感動而自動改正。西方有個真實案例，有一個人剛從監獄服刑結束，出獄後到教堂棲身，臨走時偷了教堂裡的燭臺。後來被警察抓到，把他帶去教堂對質，但神父卻說燭臺是他贈送給這個人的，而且他還少拿了一個呢。那個人最後當然改過遷善了。

「信者，吾信之；不信者，吾亦信之，德信。聖人在天下，歙歙焉，為天下渾其心，百姓皆注其耳目，聖人皆孩之。」守信的人，我信任他，不守信的人，我也信任他，這樣可使人人守信。聖人立身於天下，謹慎收斂啊，使天下人的意念歸於渾然一體，百姓都努力在聽在看，聖人把他們都當成純真的孩童。只有母親才會把別人當作孩童一樣看待，做任何事母親都可以諒解。老子就是把道當作母親，用母親愛子女的心情，來描寫我們應該怎麼對待人、怎麼對待物。聖人對「善者、不善者」，「信者、不信者」，皆採「無差別」的態度，用意在於化解相對的價值觀，並且以統治者的寬容來啟發人民的善與信。「德」字雖可通「得」，但仍可就其「稟賦」義來引申，進而理解為稟賦展現出善（德善），以及稟賦展現出信（德信）。

慈故能勇：真愛必有勇氣

「慈故能勇」，因為慈愛，所以能夠勇敢。真愛必有勇氣，其實人的勇氣是不分性別的。老子為什麼特別提出母親？母親和父親的差別在於，母親懷胎十月把孩子生下來，天性使然，會把子女當作自己的生命一樣來愛護。因為要包容及保存一切，所以奮不顧身。孔子說：「仁者必有勇，勇者不必有仁。」（《論語・憲問》）行仁的人一定有勇氣，勇敢的人卻不一定能行仁。行仁自然會見義勇為，子曰：「當仁，不讓於師。」（《論語・衛靈公》）遇到人生正途上該做的事，即使對老師也不必謙讓。老師和學生都在公車上，看到老太太上車，學生要立刻讓座，比老師要快，不需要謙讓。年輕的時候，人較缺乏勇氣，該讓座的時候也不敢讓座，怕引起別人側目，說你愛表現什麼的，等到年紀大了，真正了解儒家的思想，以真誠作為出發點，該讓座的時候立刻讓座，這是需要勇氣的，也就是仁者必有勇。為什麼「勇者不必有仁」？勇敢的人，內心不見得有仁德，恐怕是逞其匹夫之勇。

一念之仁慈，與大道相通

老子三寶的第三寶是「不敢為天下先」。前面二寶分別用一個字表述：

「慈」、「儉」，第三寶反而字數這麼多，所以老子又用一個「後」字來表示。「慈故能勇；儉故能廣；不敢為天下先，故能成器長。」因為慈愛所以能夠勇敢；因為儉約，所以能夠推擴；因為不敢居天下人之先，所以能夠成為眾人的領袖。最後還是回到悟道的統治者，聖人之所以能夠領導別人，是因為他能夠居於眾人之後。「今舍慈且勇，舍儉且廣，舍後且先，死矣！」現在如果捨棄慈愛而求取勇敢，捨棄儉約求取推擴，捨棄退讓爭取領先，結果只有死亡了。如果沒有慈愛而逞勇就危險了，「勇於敢則殺，勇於不敢則活」（《老子•第七十三章》），你要活還是要殺呢？所以只靠勇敢是不夠的，老子把勇敢分為勇於敢、勇於不敢，我們這一生都要學習如何做到「勇於不敢」，不逞匹夫之勇。說「不敢」也需要勇氣，這樣才能活命。老子說得很清楚，如果沒有慈愛，單單為了勇敢而勇敢，很難活命；如果有慈愛就不一樣了，力量由內而發，這個力量是有源頭的，與外在的勇敢是不同的。捨棄儉約而力求推擴，也會死亡，不儉約又去推擴，耗費太多了。捨棄退讓而爭取領先，結果只有死亡了。楚漢相爭，爭到最後，雖然是劉邦贏了，但損失也很慘重，而後來繼位的皇帝也做得很辛苦，國事發展並不理想。

「夫慈，以戰則勝，以守則固。天將救之，以慈衛之。」以慈愛來說，用於戰爭就能獲勝，用於守衛就能鞏固，天要救助一個人，會用慈愛去保護他。這裡出現的「天」，實在很難說清楚。在古代，「天」的概念是很特別的，老子雖然把天當作天地，當作自然界，另外以「道」來取代「天」，作為超越界，這也是他具有革命性之處。但是一個學術思想的演變，並不是截然劃分的，「天將救之，以慈衛之」，並不是有一個「天」來救你，而是上天讓你覺悟而去學習道。內心慈愛，作戰一定會贏，因為出發點不是為了好勇鬥狠，而是為了行善。

《孟子．滕文公下》孟子談到，商湯住在亳地時，與葛國為鄰。葛伯胡作非為，不祭祀先祖。商湯派人詢問他：「為什麼不祭祀？」他說：「沒有供祭祀用的犧牲。」商湯派人送給他牛羊。葛伯把牛羊吃了，卻不用來祭祀。商湯又派人問他：「為什麼不祭祀？」他說：「沒有供祭祀用的穀物。」商湯叫亳的群眾替他耕田，年老體弱的負責送飯。葛伯卻率領自己的手下，去攔截搶奪帶著酒肉飯菜的人，不肯給的就殺掉。有個孩子去送飯與肉，結果被他殺了也被搶了。《尚書》說：「葛伯仇視送飯的人。」就是在說這件事。因為葛伯殺了這個孩子，商湯才去征討他，四海之內的人都說：「他不是想得到天下這個財富，而是要為平民百姓報仇。」「商湯的征伐，從葛國開始。」征伐十一次然後天下無敵。他向東方征伐，西邊的夷人就抱怨；他向南方征伐，北邊的狄人就抱怨，「為什麼把我們放在後面？」百姓盼望他，就像久旱時盼望下雨一樣。趕集的不停止買賣，鋤地的照常工作，他殺了那兒的暴君，慰問那兒的百姓，像是即時雨從天而降，百姓非常歡喜。

孟子用「民之望之，若大旱之望雨也」來形容，非常生動。《尚書》有：「等待我們的君主，他來了我們不再受折磨。」又說：「攸國不臣服，周武王向東征討，安撫那裡的人民。人民用竹筐裝著黑色、黃色絹帛來迎接，希望事奉周王而受他恩澤，稱臣歸順偉大的周國。」那裡的官員用竹筐裝滿黑色、黃色的絹帛，迎接周王的官員；那裡的百姓，用筐盛飯、用壺盛酒，迎接周王的軍隊。原因就是周王把百姓從水深火熱中拯救出來，除掉他們的暴君。《尚書・泰誓》：「我的威武要發揚，攻到于國疆土上，除去凶殘的暴君，征伐成效受歡迎，比起商湯更輝煌。」不實行王道政治就算了，如果實行王道政治，四海之內的人都將抬起頭盼望他，要擁護他來做自己的君主；齊國楚國雖然強大，有什麼可怕呢？由此可見，出於慈愛，是為了保護百姓，戰爭必定會獲勝。

「王者天下」這部電影以中世紀後期歐洲大規模宗教性軍事行動十字軍東征為背景，故事時間點發生在第二次和第三次東征之間。一個出身平凡但良知超凡的鐵匠巴利安，號召一群騎士，在聖城耶路撒冷抵抗伊斯蘭教大軍壓境，捍衛國土與人民。伊斯蘭教的軍隊有二十萬人，城裡面只有幾萬人，但因為每一個人都是為了保護家人而戰，這股力量就非常大。

另外，在西元前五世紀左右，當時波斯帝國是一個橫跨歐、亞、非三洲的強國，希臘則是尚未統一的城邦國家，兩者國力懸殊。兩國發生大戰，希臘因用兵有方，在雅典東方的馬拉松平原大敗波斯帝國，此役因而被稱為「馬拉松戰役」。據說當時希臘戰勝後，有一名士兵從馬拉松跑至約四十公里外的雅典報捷，這名士兵在高呼勝利後氣絕身亡。後人為了紀念他，開始舉辦長途賽跑，而「馬拉松」到雅典的這段距離，也成了現今馬拉松賽跑的標準長度。當時希臘各個城邦聯合起來對抗波斯大軍時，他們的口號就是「為了祖先的墳墓而戰，為了自由而戰，為了子孫而戰」，每一句都是出於慈愛，如同斯巴達的三百壯士，他們的氣勢也超乎波斯大軍的想像。從歷史上各種戰爭都可以看得出來，如果有慈愛，一定能夠戰勝。

當然有些人會提出反面證據，秦始皇那麼凶殘，為什麼會贏呢？這個也很難回答，歷史因素太複雜了，只能說秦始皇就算贏了，秦國的統治也不過十五年。老子講的，是大原則與大方向，歷史上很多因素非常複雜，不是老子能完全講得清楚的，他只是要告訴世人，「慈」是出於人們內心最深的願望。人既然有了生命，都希望活下去；同時也希望在正常情況下，讓別人活下去。所以慈帶來勇敢，一念之仁慈就可以與大道相通。真正的慈愛能夠化解自我的限制，和別人之間的隔閡也跟著化解了。

佛教傳入中國之後講慈悲，老子的思想中並沒有「悲」的觀念，倒是莊子在許多地方使用它。他在《逍遙遊》提醒人要避免羨慕彭祖的長壽，不必感到悲哀，「楚之南有冥靈者，以五百歲為春，五百歲為秋；上古有大椿者，以八千歲為春，八千歲為秋。而彭祖乃今以久特聞，眾人匹之，不亦悲乎！」楚國南方有一棵冥靈樹，以五百年為春季，五百年為秋季；上古時代有一棵大椿樹，以八千年為春季，八千年為秋季。這些屬於大壽命。彭祖活了八百歲，到現在還以長壽特別知名，一般人與他相比之下，不會覺得悲哀嗎？《莊子・齊物論》又說：「一受其成形，不亡以待盡。與物相刃相靡，其行盡如馳，而莫之能止，不亦悲乎！」人承受形體而出生，就執著於形體的存在，直到生命盡頭。它與外物互相較量摩擦，追逐奔馳而停不下來，這不是很可悲嗎？老子講慈，莊子講悲，合起來就是「慈悲」，這個詞在中文裡就被佛教拿來充分發揮。

第二講：儉：節儉珍惜萬物

老子三寶的第二寶是「儉」，也就是節儉。現代特別重視節儉的美德，因為自然生態已面臨危機，但是老子的時代並沒有這個問題，他發現人有無窮的欲望，如果完全沒有限制，持續發展下去，少數的人就會用掉大量的資源。儉的對象是萬物，包括自然界、動物等。《老子》八十一章，只有五章出現動物，第三十六章「魚不可脫於淵，國之利器不可示於人」，魚不可以離開深淵，國家的有利武器不可以向人炫耀。魚離開深淵，就有被抓的危險，所以藏在深淵裡面是最安全。第六十章「治大國若烹小鮮」，治理大國，要像烹調小魚。小鮮就是小魚，只有這兩章提到魚，代表老子觀察海中生物的材料並不多。

第四十六章提到：「天下有道，卻走馬以糞。天下無道，戎馬生於郊。」國家政治上軌道，馬匹被送回農村耕田。國家政治不上軌道，戰馬就在郊野出生。第五十章：「蓋聞善攝生者，陸行不遇兕虎，入軍不被甲兵。兕無所投其角，虎無所措其爪，兵無所容其刃。夫何故？以其無死地。」聽說善於養護生命的人，在路上行走不會遇到犀牛與老虎，在戰爭中不會被兵器所傷。犀牛用不上牠的角，老虎用不上牠的爪，兵器用不上它的刃。這是什麼緣故？因為找不到他致命的要害，他沒有任何弱點。

第五十五章：「含德之厚，比於赤子。」保存稟賦若是深厚，就像初生嬰兒一樣。孟子也說過：「大人者，不失其赤子之心者也。」（《孟子．離婁下》）德行完備的人，不會失去嬰兒般純真的心思。赤子之心是純樸、真誠、易感，對人信賴關懷，並且充滿希望、永不沮喪。「蜂蠆虺蛇不螫，猛獸不據，攫鳥不搏。」毒蟲不叮刺他，猛獸不抓咬他，凶禽不撲擊他。毒蟲是指蜂、蜈蚣、蠍、蛇等；猛獸，如犀牛、老虎；攫鳥，像老鷹之類的。老子在這五章中只提到幾種動物，可見他對自然界的觀察與認識有限。但他的思想常被認為有助於維護自然生態，這就要從「儉」的觀念入手。也就是人類與自然界的關係，要以什麼態度相處才是適當的。

自然生態的資源有限

人與自然界有四種關係，第一，競爭。人也是生物之一，故符合「物競天擇，適者生存」的情況，不過都市化的社會比較不明顯。去爬山的時候，一條毒蛇來到面前，如果你沒有保護自己，後果堪慮。萬一出現了熊或老虎，尤其是在牠飢餓的狀態下，那就更可怕了。所以人對自然界始終不能掉以輕心。像細菌的攻擊，人們真的是防不勝防，細菌這種生物，對人往往是致命的威脅。所以人與自然界有競爭的關係，要隨時提高警覺，不宜以為自然界都是和諧美好的，其實它也充滿各種危機。從影片中看到非洲有小孩和獅子一起長大，小孩在獅子背上跳來跳去，但是並不知道什麼時候會有凶險。泰國有篇報導，一間寺廟的出家人把一隻老虎養大，有一天出家人和這隻老虎玩遊戲，居然被咬傷了。老虎就是老虎，不會因為從小餵食就能改變牠的本性，牠也無從判斷事情的輕重。人與動物之間永遠有一層緊張關係。

第二，利用，人類要利用大自然，才能保障生存。我曾看過一篇報導，中國有一位農業專家，他栽培的稻米是一般稻米產量的十倍。從前我們覺得世界四十億人都快養不活了，現在有七十億人，還是繼續維持存活，靠的就是農業科技，利用大自然來生產。這位專家很有意思，他說要培養出和樹一樣高的稻子，和饅頭一樣大的稻米，這樣人人都能吃飽了。除了農業，還有其他利用大自然的方法，令人讚嘆。例如印度人馴服野象的方式，是把牠和家象用軛綁在一起，野象被潛移默化之後，很快就馴服了。這就是人類和大自然之間的「利用」關係。

第三，保護。自然界確實需要人類保護，尤其是野生動物，野生動物如果沒有人類保護，很快就會滅絕。保護的方式分為兩種，一種是禁止無意義的殺戮，很多非洲人為了一支犀牛角或象牙，所殺的動物屍體堆得像山一樣高。我見過最殘酷的畫面，莫過於日本人捕鯊魚，一捕上來就是十幾隻，把鯊魚背上魚翅的部分全部割掉，再把魚丟回海裡，因為鯊魚肉的經濟價值不高，然而這樣的鯊魚怎麼可能繼續活命？再怎麼凶悍的大白鯊，碰到人類也只能坐以待斃。以人類現在科技武器的發展，動物根本無路可逃，這種保護所考慮的是經濟價值，像熊貓到各國都可以當親善大使，每個人見了都開心。

第四，欣賞。人對大自然的最終目的就是能夠欣賞，無論是對自然風景還是動植物，這就是一種共生共榮的方法，不要互相傷害。

這四種態度要兼顧，才能保持平衡和諧。

古代的自然資源沒有被破壞的疑慮，所以老子提倡「儉」的觀念，並不是針對自然生態。我有個朋友一生都在從事環保運動，主因是他為祖母開棺撿骨時，發現人都腐化了，但是尼龍絲襪卻完好無缺，代表我們的科技產品地球消化不了，會妨礙自然生態。從事環保運動有一句很好的口號：「不要任意干預，就是拯救地球最好的方法。」所有的生命都有這樣的特性，只要人類減少干涉，就會自行恢復。美國東北角有個地方受到工廠的汙染，後來這個地方的人都被撤走，美國政府宣布一百年之內不能進入。所以，讓地球喘一口氣，自然就能恢復生機，這與老子「無為而無不為」的思想完全符合。只要順其自然，地球就自動復原了。

儉故能廣：損有餘而補不足

古代的問題在於少數人的奢侈浪費，造成多數人的貧困，老子的目的是提醒政治領袖不要浪費。百姓在比較之下，會覺得自己活得非常不堪。孟子也說：「食前方丈，侍妾數百人，我得志弗為也。」（《孟子・盡心下》）酒菜擺滿一大桌，幾百姬妾在伺候，如果我得志，不會這麼做。當時貴族的生活真是奢侈浪費。「庖有肥肉，廄有肥馬，民有飢色，野有餓莩，此率獸而食人也。」（《孟子・梁惠王上》）廚房裡有肥肉，馬廄裡有肥馬，可是百姓面帶飢色，野外有餓死的屍體，這等於是率領野獸來吃人。從春秋到戰國，顯然這種風氣已經形成了。「治人事天，莫若嗇」（《老子‧第五十九章》），治理人民，事奉上天，沒有比省約更好的方法。在這裡又出現「天」的概念。「夫唯嗇，是為早服。」正因為很節省，所以不用準備什麼，就已經準備好了。「早服謂之重積德，重積德則無不克」，早有準備就是不斷累積稟賦；不斷累積稟賦，就沒有不能克服的事。「無不克則莫知其極；莫知其極，可以有國；有國之母，可以長久。是謂深根固柢，長生久視之道」，沒有不能克服的事，就無法知道他的極限；無法知道他的極限，他才可以統治國家；掌握了統治國家的根本，才可以長治久安。這就是深植與穩固根柢，長生久存的原則。要長治久安就要盡量減少各種活動，這叫作嗇。一般說吝嗇是不好的意思，但當「省約」的時候，就沒什麼不好。我們在談孔子的思想時提到人生的四大座右銘，其中一項就是對物質要儉，這和老子的意思是一樣的。

古人對「天」的概念，在老子的思想裡面還是有跡可循的。天就是孔子的「五十而知天命」的天，老子雖然用「道」來代替天，意思在傳承天之「造生、載行」的意義，並使「自然之天」重新獲得一個超越的依據——道。但是天的「主宰」意義並未完全消失，所以統治者仍須「事天」。換言之，自然之天（展現為固定的規律）與主宰之天（仍含有特定意志），這兩者之間的矛盾在老子思想中尚未完全化解。正是因為如此，老子才會有「天將救之，以慈衛之」（《老子・第六十七章》）一語。而老子提出「嗇」，證明老子壓抑「天」的主宰義，而抬高自然義（故須省約）。不過，在《老子》書中只有三、四個地方提到天，無法形成一套完整的理論，如果談道的話，就完全沒有問題。「儉故能廣」，「天之道，損有餘而補不足」（《老子・第七十七章》），自然的法則，是減去有餘的並且補上不足的，也就是盡量保持平衡。老子有關「儉」的觀念非常豐富，代表他對物質世界的態度。只有儉才能廣，廣代表推擴，譬如，將一塊鐵打薄，便可以覆蓋整個桌面，但如果不打薄，可能就只有杯盤的大小。

有人曾請我吃飯，一份套餐要價臺幣四千八百元，也有一次我因為趕時間，就在學生常去的自助餐店用飯，一份午餐才二十幾元，換算一下，朋友請的那份套餐的價格，能夠請將近兩百個學生吃一餐。這還不是天價，有一次我到馬來西亞演講，有一位學員聽懂了，非常開心，堅持要請客。他是中藥店老闆，非常誠意地準備一碗燕窩，說是替我補氣，沒想到吃完之後，座上其他客人一說，我才知道那碗燕窩折合臺幣兩萬元，真是無法想像。其實，健康應該是要靠自己多運動、多保養，光靠這種奢侈食品，不見得有效。

老子談「儉」，就是要我們以正確的態度面對自然生態。老子主張宇宙萬物與人類都來自於道，萬物除了人類之外，還有動物、植物、礦物。這種精神和其他宗教相比有些不同，佛教講眾生皆有佛性，不過眾生並沒有包括植物。希臘數學家畢達哥拉斯也是宗教家，他認為科學研究無法完全理解宇宙的奧祕，唯有依靠宗教，他也相信輪迴，主張人與動物、植物都能輪迴。畢達哥拉斯有一次制止一個人打狗，他說從狗的嗷叫聲中，聽出他朋友的聲音，可見這隻狗是他的朋友輪迴而成的。他的信徒不能吃狗肉，不能吃豆子，人甚至可以輪迴成桂冠樹。由於他們的規定太多，以致於居民無法容忍，最後把他們趕走了。三大一神教都只重視人類，認為動物與人完全不同，這樣的立場與儒家一樣，是以人為本位的，但是佛教肯定眾生皆有佛性，人與動物一起輪迴。有一位牧師請教一位印度教法師，人與動物怎麼輪迴？法師說：「譬如，一個人壞事做多了，下一世就輪迴變成蚊子。」牧師再問：「那麼蚊子怎麼再輪迴變成人呢？」法師想了一想說：「這蚊子去叮壞人，被打死之後就輪迴變成人。可是蚊子沒有能力去判斷好人或壞人，只能看運氣了。」這教人如何接受？宗教的教義，最好不要勉強解釋，解釋要靠理性，而且要以經驗來驗證。輪迴說法在經驗上是無法證實的，如果要說人和生物能夠輪迴，那麼為什麼很多動物都滅絕了？為什麼現在有七十億人？如果說這個世界上，有很多人都是動物變的，所以才這麼複雜，這種解釋恐怕也不容易說得通。

宗教既然成為人的信仰，我們就只能尊重，沒有必要加以批判。我們要討論的是哲學，凡是與經驗有關的，都要按照理性思維來加以討論。佛教說眾生皆有佛性，但是老子認為宇宙萬物都來自於道，也就是一座山、一條河都和我們一樣來自於道，來自同一個生命的源流，也是我們的兄弟姊妹，所以我們要肯定它存在的權利，不要隨便浪費自然資源，還要進一步加以欣賞。

美就是值得欣賞，《莊子》常談到美，然而《老子》八十一章五千多字，卻很少談到如何欣賞自然界，只說要虛與靜，以發現萬物的真相。而萬物都在回歸根源。「反者道之動，弱者道之用。」（《老子・第四十章》），道的活動，表現在返回上；道的效用，表現在柔弱上。萬物從道而來，最後回到道裡面。因為除了道之外，原本並無一物一事可以存在。換言之，我們所觀察的萬象，只不過是道的「返回」活動，沒有其他目的可言。既然一切都在「返回」其根源（道），那麼除了「柔弱」之外還有別的選擇嗎？「弱」字並非消極無奈，而是順著返回的趨勢，所展現「無目的」的樣態。換言之，「弱」看似「無目的」，其實卻是配合一切既定條件所能採取的唯一路線。道的功能表現在弱而不是強，因為強很難持久。牙齒堅硬，但很容易掉落；舌頭柔軟，卻能長期保存。老子說：「人之生也柔弱，其死也堅強。草木之生也柔脆，其死也枯槁。故堅強者死之徒，柔弱者生之徒。是以兵強則滅，木強則折。強大處下，柔弱處上。」（《老子・第七十六章》）人活著時，身體是柔軟的，死了以後就變得僵硬。草木活著時枝葉是柔脆的，死了以後就變得枯槁。除了人類以外，萬物都是照自然軌跡來運作，沒有逞強的問題，只有人類會思考什麼叫強弱。譬如，滴水穿石的關鍵在於時間，經過時間代表恆久，時間長期發展下來就產生效果。也只有人類能考慮對萬物要不要節儉。儉的背景是慈，道是母親，萬物都來自於道，用道的態度對待萬物，就要節儉，這時我們與萬物之間的關係就不再是對立的。

少私寡欲，更能悟道

《老子．第十九章》說：「絕聖棄智，民利百倍；絕仁棄義，民復孝慈；絕巧棄利，盜賊無有。此三者以為文不足。故另有所屬：見素抱樸，少私寡欲。」去除聰明與才智，人民可以獲得百倍的好處；去除仁德與義行，人民可以恢復孝慈的天性；去除機巧與利益，盜賊就不會出現。聖智、仁義、巧利是用來文飾的，不足以治理天下。所以要讓人民有所依歸：表現單純，保持樸實，減少私心，降低欲望。孟子說「養心莫善於寡欲」（《孟子・盡心下》），兩個學派異曲同工。

儒家也說養心，因為孟子認為心有四端，要發出來就需要「存養充擴」，所以清朝皇宮有個養心殿，便是以孟子的話作為參考。但是帝王真能做到寡欲嗎？老子說「見素抱樸」，單純與樸實其實是生命的原貌，就像小孩子一樣，不跟別人計較複雜的東西，別人也就找不到弱點，無從下手。單純樸實才能夠少私寡欲，自然能夠快樂，最理想的快樂就是知足，老子說「故知足之足，常足矣」（《老子・第四十六章》），知道滿足的這種滿足，就能永遠滿足了。降低欲望容易滿足，人的欲望如果是有形可見的物質，再多也不夠。老子說：「甚愛必大費，多藏必厚亡。」（《老子・第四十四章》）過分愛惜必定造成極大的耗費，儲存豐富必定招致慘重的損失，漢武帝「金屋藏嬌」，是說他為了青梅竹馬阿嬌打造金屋，花費極大。這是人類普遍的問題，很少人能夠超越。

西方諺語說：「人生的快樂有兩種，一是取得你所要的，二是享受你所有的。」多數人為了取得所要的，不斷去競爭，過程很刺激，最後勝過別人，但是這種快樂有限，因為它建立在別人的痛苦上。第二種快樂是能夠就僅有的東西加以享受，這種快樂是源源不絕的，這樣的人生就很滿足了。通常我們只知道取得自己所要的，卻不知道珍惜，永遠在追逐新的目標，人生因而變得非常勞累，也非常不堪。

老子的「儉」就是要提醒我們，讓自己減少私心，化解欲望，這樣才能容易滿足而快樂。人生短短幾十年，時間一去不復返，每個生命階段都是唯一的，以前我也有「現在受苦，將來才會快樂」的幻覺，年輕的時候出國念書，飛機起飛時，內心想的是「風蕭蕭兮易水寒，不拿博士兮誓不回」。四年來，每天苦讀十幾個小時，可是最後我才發覺，慢慢念也可以念成。回國教書，最後升為正教授，人家還是稱我「傅教授」（副教授），這都是太執著了。當了教授以後，就不再有欲望了嗎？人如果永遠在追求，什麼時候才能停下來呢？恐怕就是進墳墓的時候吧！學習道家的意義，就是要讓自己隨時可以停下來，珍惜現在所有的一切。人有理想和抱負，也有各種欲望，這是正常的，但是因此忘記自己所擁有的，無法讓自己當下過得快樂，那就有問題了。

人要活得開心，但並不表示要放棄目標與抱負。年輕的時候學儒家，有勇氣追求自我實現，與社會的發展結合在一起，年輕人不上進，社會怎麼進步呢？但是到了中年，閱歷比較豐富了，就要學道家，由此化解不必要的壓力。如果現在感到不快樂，就須假設在某種情況下才會快樂，那麼要如何讓那種情況實現呢？問題是它永遠可能是更高的山，到了這座山，還有更高的山，結果人生永遠在爬山，而不知道欣賞風景。阿爾卑斯山山谷的汽車道，路旁插了一個標語：「慢慢走，欣賞啊！」去遊長城時，拚命走到最高的地方，然後就轉身回去，只會看到擁擠的人群。如果具有審美的眼光，所到之處都能找到值得欣賞之物。要懂得調節目的與過程，如果接觸道家思想之後，變成只活在當下而不去奮鬥未來，可能是誤讀了老子。老子絕不是消極的，「孰能濁以靜之徐清？孰能安以動之徐生？」（《老子·第十五章》）誰能夠在渾濁中安靜下來，使它漸漸澄清？誰能在安定中活動起來，使它出現生機？人生是要能夠慢慢地靜下來，也能夠慢慢地恢復活力。道家思想的特別之處，一般人反而比較容易忽略。海德格果然是大哲學家，特別喜歡這兩句話。

「大隱隱於朝，小隱隱於野。」在民間隱居只是小的隱居，能在朝廷隱居，才是大的隱居，這真是匪夷所思，不過，這就是道家的思想。隱居荒野，可是心能夠放得下這個社會嗎？每天有煩忙的公務，心情還能不受干擾，就像陶淵明說的，「勤靡餘勞，心有常閒」，每天辛勤工作，沒有多餘的力氣了，但內心能保持悠閒，這不容易做到，但是絕對值得我們去練習。身忙心不忙，內心有一個主宰坐鎮，指揮若定，運籌於帷幄之中，這就是道家思想的啟發。有了這樣的觀念，才能夠把握當下，以一種從容的心態來做事。

我特別強調老子的無為是「無心而為」，為還是為，但是我無心，就代表我的心不受干擾。成功不得意，失敗不難過，這樣就不容易受到外在條件的制約。花同樣力氣做一件事，以前成功了，現在恐怕競爭對手不一樣，結果就會不同。譬如，一家麵包店開了五十年卻要停業了，因為物價上漲嗎？問當地的居民，他們確實懷念這家歷史悠久的老店，但它之所以做不下去，是因為附近開了好幾家新的麵包店。這樣一來就知道問題何在了，如果麵包業萎縮，為什麼附近又開了幾家新的店呢？招牌老是沒有用的，若無法與時俱進，就無法趕上人們對新口味的追求。就像老子說的，要能「夫唯不盈，故能蔽而新成」（《老子．第十五章》），正因為沒有達到圓滿，所以能夠一直去舊存新。老子的許多觀念，在生活中都有很多很好的例子可以作為驗證。

在說明老子三寶中的「儉」這個字之前，要再次提及我在介紹孔子思想時所說的兩句話，作為彼此互相勉勵的目標：第一，不擁有不需要的東西。這其實是知易行難，打開皮包檢查一下，打開衣櫃檢查一下，有些衣服是大拍賣的時候買的，幾年來都沒穿過；鞋子買了好幾雙，等要穿的時候也覺得不喜歡了，款式也不符合當下的潮流。所以，要買任何東西之前都要自問：我真的需要嗎？也有人擔心這種想法會妨礙經濟發展，因為會降低消費欲望，其實不必擔心，因為真正會執行的人不到百分之一，我只是提出來共勉，看看有沒有人能做到。第二，東西用到壞為止。東西用了就要用到壞，好好一雙鞋子，還沒穿壞就丟了，鞋子也會覺得委屈。我曾看過一篇報導，有一個印度婦女，在上班途中涼鞋鞋跟斷掉了，不能再修了，她就把涼鞋脫了放在路邊，恭恭敬敬的向鞋子鞠躬，然後赤腳去上班。這涼鞋可說是鞠躬盡瘁，主人確實也應該向鞋子鞠躬，這種簡單的態度，就讓人感動。從儒家與道家來看中國古代的智慧，節儉都是一個值得推廣的美德，能把時間和力量省下來，才能夠了解重要的是道。

第三講：不敢為天下先

老子三寶的第三寶是「不敢為天下先」，《老子・第六十七章》：「不敢為天下先，故能成器長。」因為不敢居於天下人之先，所以能夠成為天下人的領袖。

說到敢與不敢，牽涉到爭與不爭，我們很熟悉老子「以其不爭，故天下莫能與之爭」（《老子・第六十六章》）的觀念，他不與人爭，所以天下沒有人能夠與他爭。「不爭」是處世的重要原則。不過，不爭只能保證不會失敗，譬如，不參加競爭，當然無從失敗；但是要說「天下莫能與之爭」，似乎又必須針對「聖人統治者」才有意義。

不爭，居後，退讓

「慈」是一種普遍的態度，「儉」是特別針對萬物的態度，「不敢為天下先」就是在說人的社會了。人的社會，互相競爭是文明進展的常態現象，要討論「不敢為天下先」之前，必須要先分析《老子》談到戰爭的部分，主要有第三十章、第三十一章、第四十六章、第五十七章、第六十七章、第六十八章、和第六十九章，共七章。《老子・第六十八章》說：「善為士者，不武。」善於擔任將帥的人，不崇尚武力，若崇尚武力，馬上就會發生戰爭；戰爭多了，士兵死傷的機會就增加了。「善戰者，不怒」，善於作戰的人，不輕易發怒。兩軍對陣時，最怕被激怒，因為情緒會影響決策，這就是現代人所說的情緒智商。老子希望我們情緒穩定，不要輕易被外在因素牽動。「善勝敵者，不與」，善於克敵制勝的人，不直接交戰。《孫子兵法・謀攻》也標榜「不戰而屈人之兵，善之善者也」，直接交戰即使勝了，損傷也很大。「善用人者，為之下」，善於用人的人，對人態度謙下。如果態度驕傲，人才是不來支持你的。劉備三請諸葛亮，關羽與張飛都失去耐心了，但劉備的態度依然謙下，這也才能讓諸葛亮「鞠躬盡瘁，死而後已」。這或許也是讀書人的風骨，遇到明主，自當全力以赴。

這幾句話是老子綜合的看法，我們來試著逆向思考。善於擔任將帥的人，不崇尚武力，那該做什麼呢？可以培養士氣，讓軍士們能夠有比較深刻的人文素養。兩軍作戰的時候，「哀兵必勝」的哀不是悲哀，而是心中有慈愛，因為慈愛才能勇敢。如果能設法讓軍隊培養出這樣的情緒和情操，士氣顯然就會不一樣，我們稱作「正義之師」。這樣的軍隊不畏進攻，但如果需要進攻，理由將具有正當性。善於作戰的人，不容易發怒，無論對方使用任何言詞意圖激怒，也能看透那只是一種策略。

善於克敵制勝的人，不直接交戰，而是設法未戰先勝。《莊子・說劍》有一篇故事，從前趙文王喜好劍術，劍士聚集在門下當食客的有三千多人。他們日夜在大王面前比武，每年死傷的有一百多人，而大王仍然喜好不倦。就這樣過了三年，國勢衰落，諸侯都準備奪取趙國。太子悝很擔心，召集左右的人說：「誰能改變大王的心意，不再讓劍士比武的，就賞給他千金。」左右的人說：「莊子應該可以做到。」太子於是派人奉上千金給莊子，莊子不接受，與使者一起去見太子說：「太子對我有什麼指教，要賞賜我千金呢？」太子說：「聽說先生明智通達，我特地奉上千金，犒賞你的隨從。先生不接受，我怎麼敢說呢？」莊子說：「聽說太子要叫我做的，是斷絕大王的喜好。假使我向上勸說大王而違逆了他的心意，向下又不合太子的期望，那麼我將受刑罰而死，還要這千金做什麼？假使我上能說服大王，下能滿足太子的期望，那麼我在趙國還有什麼得不到的呢？」太子說：「確實如此。不過我們大王眼中所見的，只有劍士。」莊子說：「很好。我擅長劍術。」太子說：「不過我們大王眼中所見的劍士，都是頭髮蓬散，鬢毛突起，帽子下垂，帽纓粗亂，上衣後襟很短，怒目瞪人，出口相互責難。這樣大王才會高興。現在先生如果穿著儒服去見大王，事情一定大為不順。」莊子說：「那麼我就準備劍士的服裝。」莊子花了三天的時間準備劍士的服裝，然後去見太子。太子與他一起去拜見大王，大王抽出劍來等候他。莊子進了殿門沒有加快腳步，見了大王也不下拜。大王說：「你對寡人有什麼指教，還讓太子先來介紹呢？」莊子說：「臣聽說大王喜好劍術，所以帶著劍來請見大王。」大王說：「你的劍有什麼克制對手的本領？」莊子說：「臣的劍，十步之內殺一個人，千里之遠沒有阻礙。」大王高興極了，說：「真是天下無敵了！」莊子說：「用劍之道，要故意露出破綻，給予可乘之機，後於敵人發動，先於敵人擊中。我希望有機會試試。」大王說：「先生先到館舍休息，等我安排好擊劍比賽，再去請先生。」

於是大王讓劍士比賽了七天，死傷了六十多人，最後選拔出五、六個人，讓他們捧著劍侍立在殿下，再命人請莊子來。大王說：「今天請和劍士比劍。」莊子說：「盼望很久了！」大王說：「先生所用的劍，長短怎麼樣？」莊子說：「臣所用的劍，長短都可以。不過，臣有三把劍，任憑大王選用。請讓我先說明，然後再比試。」大王說：「希望聽聽是哪三把劍。」莊子說：「有天子的劍，有諸侯的劍，有平民的劍。」大王說：「天子的劍是什麼樣子呢？」莊子說：「天子的劍，用燕谿、石城做劍尖，用齊國、泰山做劍刃，用晉國、衛國做劍背，用周朝、宋國做劍首，用韓國、魏國做劍柄；用邊疆四夷來包紮，用一年四季來圍裹；以渤海來纏繞，用恆山做繫帶；用五行來控制，用刑德來論斷；用陰陽來開合，用春夏來扶持，用秋冬來行使。這把劍，直刺時，無物可在前；舉起時，無物可在上；按低時，無物可在下；揮動時，無物可在旁，往上可阻絕浮雲，往下可切斷地脈。這把劍一旦使用，就可以匡正諸侯，天下順服了。這是天子的劍。」大王聽完，茫然失神，說：「諸侯的劍是什麼樣子呢？」莊子說：「諸侯的劍，用智勇之士做劍尖，用清廉之士做劍刃，用賢良之士做劍背，用忠誠之士做劍首，用豪傑之士做劍柄。這把劍，直刺時，也是無物可在前；舉起時，也是無物可在上；按低時，也是無物可在下；揮動時，也是無物可在旁；從上取法於圓天，來順應日月星三光；往下取法於方地，來順應春夏秋冬四季；在中間則調和民意，來安定四方。這把劍一旦使用，有如雷霆震動，四海之內無不降服而聽從國君的命令了。這是諸侯的劍。」大王說：「平民的劍是什麼樣子？」莊子說：「平民的劍，頭髮蓬散，鬢毛突起，帽子下垂，帽纓粗亂，上衣後襟很短，怒目瞪人，出口相互責難。他們在眾人面前比劍，上斬頭頸，下刺肝肺。這是平民的劍，與鬥雞沒有什麼不同，一旦喪命，對國家毫無用處。現在大王擁有天子之位，卻喜歡平民的劍，臣私下替大王感到不值得。」大王於是牽著莊子上殿，膳食官送上食物，大王繞席走了三圈。莊子說：「大王安靜坐下，平定氣息，關於劍術的事我已經啟奏完了。」於是文王三個月不出宮門，劍士都在住所自殺而死。

《莊子．達生》也有一段故事。紀渻子為齊王培養鬥雞。培養了十天，齊王就問：「雞可以上場了嗎？」紀渻子說：「還不行，牠現在只是姿態虛驕，全靠意氣。」過了十天，齊王又來問，紀渻子說：「還不行，牠對外來的聲音及影像，還會有所回應。」再過十天，齊王又來問，紀渻子說：「還不行，牠還是目光犀利、盛氣不滅。」再過十天，齊王又來問，紀渻子說：「差不多了！別的雞雖然鳴叫，牠已經不為所動了。看起來像一隻木頭雞了。牠的天賦保持完整了。別的雞沒有敢來應戰的，一見到牠就回頭跑走了。」我們今天講「呆若木雞」就是從這裡來的。所以這就是不爭之德，不與人爭的操守，運用別人的力量，符合天道的規則，這是自古以來的最高理想，所以在談論老子的爭與不爭，第一個重點就是了解為什麼要跟別人爭戰呢？我們可以保握住自己的立場。

《老子‧第六十九章》：「用兵有言：『吾不敢為主，而為客；不敢進寸，而退尺。』」指揮軍隊的人說過：「我不敢採取攻勢而要採取守勢；不敢前進一寸，而要後退一尺。」軍隊作戰的時候，攻與守所需要的人力差很多，攻城所需的人力比守城的多七到八倍，就像孟子說的「天時不如地利」，就算成功攻城，恐怕也是一座廢城，所以寧可採取守勢。主動後退會比較寬裕，前進的一方，反而很容易上當。「是謂行無行，攘無臂。扔無敵，執無兵。」陳列而沒有陣勢，奮舉而沒有臂膀，對抗而沒有敵人，持握而沒有兵器。兵法作戰總是有一些基本規則，最後總會被識破，沒有陣勢就讓人無法防備，無從下手。「禍莫大於輕敵，輕敵幾喪吾寶」，禍患沒有比輕敵更大的，輕敵將會喪失我的法寶，什麼法寶呢？「故抗兵相若，哀者勝矣」，兩軍對抗而兵力相當時，慈悲的一方可以獲勝。這就是「慈故能勇」，慈悲的一方，並不是要殺人或強占土地，而是為了適當地防守。這種觀念在春秋時代小規模的戰爭也許有效，然而大規模毀滅性的戰爭，這種想法很難適用，不管慈悲與否，人多勢眾，漫山遍野都是敵軍，就沒有辦法了。

老子的想法要配合他小國寡民的觀念，也就是減少比較與競爭。《老子‧第八十章》提出小國寡民的理想，莊子也引申發揮。「小國寡民。使有什伯之器而不用，使民重死而不遠徙。」國土要小，人口要少，即使有各種器具也不使用，使人民愛惜生命，而不遠走他鄉。這表示古代也有科技發明的各種器具，只是不去使用。人們遠走他鄉往往是為了滿足各種欲望，要賺錢、讀書等，如果愛惜生命，就不會有那麼多外在的活動。「雖有舟輿，無所乘之；雖有甲兵，無所陳之。」雖然有船隻車輛，卻沒有必要去乘坐，因為沒有地方可去；雖然有武器裝備，卻沒有機會去陳列，因為沒有使用的機會。「使民復結繩而用之」，使人民再用古代結繩記事的辦法。結繩記事後來演變成為基本的八卦。文字還未發明之前，人們仍需互通消息，譬如，到一個新的地方，總要知道那裡有沒有食物，還是有其他的資源？有沒有陷阱或危險？他們用結繩記事的方法，約定一段和手臂一樣長的繩子，完全沒有打結，就代表條橫的一條線，是《易經》裡面的陽爻，中間打個結就代表陰爻。第一個是初爻，第二個是二爻，第三個是三爻，這樣就形成易經八卦裡面的三爻，代表八種情況：天地雷山火水澤風。這八種基本的三爻卦，所象徵的自然界情況，再合成六爻卦，就有六十四種情況了。《易經》講的就是六十四卦，有六十四卦就可以通消息了。只要同族的人，都可以分享這些資訊，因而趨吉避凶，趨利避害，這是古人的方法。當然，目前我們沒有辦法證實，但有專家研究，結繩記事是文字的開始，與八卦中的陽爻、陰爻，其設計的道理相同。老子主張讓人民再用古代結繩記事的辦法，是因為文字發明之後，出現的概念太複雜，如果運用六十四卦，就只是六十四個情況，一目了然，沒有什麼複雜的情形。

「甘其食，美其服，安其居，樂其俗」，飲食香甜，服飾美好，居處安適，習俗歡樂，這四句話令人羨慕。吃任何東西都很香甜，服裝都是很美觀的，居住的地方都很安適，因為沒有什麼好不好的比較問題。習俗歡樂是最難的，古代農業社會雖是「日出而作，日入而息，鑿井而飲，耕田而食，帝力于我何有哉」，看似很自在，但其實很辛苦，所以一定要有民俗節慶帶來各種歡樂，這些節慶都在秋收冬藏的閒暇時間。

古人和西方現代學者的研究有相通之處，休閒有三個目的，第一，靜，從安靜到平靜，再到寧靜。不活動就安靜下來，安靜無聲；平靜代表內心沒有煩惱；寧靜代表重新蘊發動力，亦即寧靜致遠，可以再出發。第二，慶。休閒的時候設計一些慶祝活動，如各式各樣的嘉年華，宗教的節慶更多，帶來歡樂的氣氛。人需要快樂，但是落在生活軌道裡面，計較成敗得失就很難有快樂可言。第三，全，讓生命回復到完整的狀態。人生在世，自然會把生命當作一種工具，具有某種專長就上班工作，扮演特定的角色，生命也因而割裂，導致認為自己只是一顆螺絲釘，公司是一臺大機器，整個社會是一臺更大的機器，每個人都是裡面的一小部分，生命漸趨窄化。休閒的時候，沒有工作壓力，可以回到自己生命的原狀，恢復生命的完整，這就是現今所謂的安居樂業。「鄰國相望，雞犬之聲相聞，民至老死不相往來」，鄰國彼此相望，雞鳴狗叫的聲音相互聽得到，而人民活到老死卻不互相往來。人們一往來，就會發生比較，自然帶來困擾。所以古代的社會，聽到隔壁的雞鳴狗叫聲，彼此也不互相往來；現代人，聽到隔壁電視機的聲音也不太互相來往。這是另一個複雜的問題，但是不管怎麼樣，學習老子以後，從小國寡民開始，顯示了老子的願望，想要回到原始的生活處境。

可以成為真正的領袖

老子所說的第三寶「不敢為天下先」，我們解釋為「不敢居於天下人之先」，因為不敢居於天下人之先，所以能夠成為眾人的領袖。用服務代替領導的這個觀念，逐漸受到重視，一個人性化的社會，當然要重視人性化的管理，作為領袖要了解得更完整，因為領袖要發號施令，如果別人口服心不服，表示他另有想法。要能用服務代替領導，也要能用言語來鼓舞別人。我們經常看到電影演出戰爭場面，兩軍作戰之前，領袖都要先精神喊話，鼓動士氣，力量便能增加好幾倍，聲勢更為驚人。每一個人都要有名正言順的理由去做一件事，所以老子認為要成為真正的領袖，就要在言語上鼓勵別人，讓對方知道自己的重要性，讓一個最平凡的人，體認自己不可或缺的價值。

《易經》的六爻，一定要由下往上，底下沒有建好基礎，上面怎麼可能出現另外一個三爻卦呢？所以底下的三爻是打基礎，上面的三爻才把特色表現出來，易經六十四卦，都是類似的情況。任何一家公司與單位也是一樣，都是從基礎慢慢建立起來，否則無法持久，也不可能改善。所以，擔任領袖的第一步，就是要能夠讓底下的百姓，感覺自己受到尊重。另一方面，想帶頭做什麼事，就要說明自己是在後面追隨大家的，這就是用言語推崇別人，不敢居於他人之先，退居在別人之後，這樣別人也就不覺得你是在刻意的領導，而是讓大家引發自己內在的動力，這就是提升士氣的問題。能夠不敢居天下之先，才能夠成器長，才能成為眾人的領袖，「器」包含人在內，正如萬物包含人在內，所以可以用「物」字來代替人，器也是指人而言，這些都是古代的用法。「舍後且先，死矣」，只爭取領先，結局是很難看的，團體當然要有向心力，要有它存在的目的，領導者就要讓大家都知道，每個人都是整體的一份子，這才是關鍵所在。

既以與人己愈多：精神豐足

「不敢為天下先」，說明在人的世界裡，尤其是現今的商業社會，不可能不與人競爭。小孩子求學念書，也是處在競爭之中，每個小朋友都不免被問功課怎麼樣，所以要建立面對競爭的態度。小孩子還小，無法思考道家的想法，但是人到中年以後，道家思想就會慢慢顯示它的吸引力。尤其是最後一章所說的「既以為人己愈有，既以與人己愈多」，也就是精神方面的豐足。人生在世，如果不懂得轉向，就會陷入困境。我們如果把老子思想與現代心理學對照，把人分為身心靈三個層次來看，人的身體有各種有形可見的欲望和自然要求，要吃要喝要生存發展，這是合理的。人還有心，這兒有兩個可能，第一，追求學問，追求知識；第二，追求道。差別就在這裡。聖人在身的需求方面和我們一樣，這是一個必要條件，差別在於他的心追求道。我們的心追求知識，從區分開始，因此帶來欲望，產生問題。要如何化解呢？正確的知會帶來正確的欲望，欲望之所以不好，是因為有偏差的認知，如果認知正確，就不會有問題。一般人的知是為學日益，每天增加一點點，但所增加的，都在同一個層面上，反而變得複雜了。我們常說「行萬里路，勝讀萬卷書」，但老子卻說「其出彌遠，其知彌少」（《老子・第四十七章》），因為我們追求的是相對的知識，如莊子所說的：「吾生也有涯，而知也無涯。」（《莊子・養生主》）我的生命是有限的，知識是無限的。我在美國念書的時候，耶魯大學有一間主要的圖書館，是學校的中心，最高的建築，叫作 Sterling Memorial Library，我每次進到裡面，都覺得活著沒什麼意思，因為書太多了。當時就有七百多萬冊，這些作者辛苦撰寫的書，它的封背別人一秒鐘就經過了，生命有什麼意義呢？多少人皓首窮經，念到頭髮白了頭髮掉了，最後寫了幾本書，後代的人還不是一晃眼就過去了。現在電腦網路發達，很少人看書，還有電子書，所以我每一次到圖書館都感覺生命是有限的，知識是無限的，用有限生命追求無限的知識，真的很辛苦。

老莊要指出，人的心如果落在追求相對的知識，是沒完沒了的；如果落在和一般人相處上面，經常有情緒和意志的波動，也是沒完沒了的。人生各種恩恩怨怨複雜的情況，實在沒有辦法想太多，所以老莊要人的心往上走，即「為道日損」，少私寡欲，見素抱樸，展現單純與樸實。每個人既然是由道所生，內在的德（本性與稟賦）應該是足夠的。這一點可以同儒家對照，孟子說：「反身而誠，樂莫大焉。」（《孟子・盡心上》）儒家講真誠，道家講真實，只要發現想再長高一點不可能，想變矮一點也很難；不能多一歲，也少不了一歲，這樣就會接受自己。人在接受自己的那一剎那，接受真實，也就沒有什麼情緒反應的餘地，連道德的判斷都很難出現，不管做得好不好，我就是這個樣子。重要的是在於能不能反思，能否覺悟到自己內在的本性是圓滿具足的。

一位日本學者主張，講人性本善的是老子、莊子，因為老莊說人要保存自然原狀，像一棵原木不要雕琢，自然的就是好的。不過這種說法難以成立，西方哲學史上唯一提及人性本善的盧梭，也承認那是分辨善惡之前的人性。這樣的人性同動物沒有差別，你什麼時候見過動物分辨善惡呢？狗跟狗在一起，不會說你是好狗，牠是壞狗，只看誰跑得快、吃得多、活得久，這是生物本能。只有人會判斷善惡，這是從社會組成開始有的，如果一群原始人住在山上，你採果子吃，他欣賞一朵花，哪有善惡可言呢？社會形成以後，人們取得私有財產，就設計一些規定，遵守的人就是善，違背的人就是惡，如果把這個社會結構打散，回到原始的處境，又沒有善惡問題了，只看誰活得久。不過盧梭也承認這種想法只是空想，因為人類根本不可能回到大家都沒有私有財產的原始社會，那只是一種幻想。老子說過，最高的治理藝術就是讓百姓感覺不到有人在治理，其次是讓百姓喜歡這個政治領袖，再其次是讓百姓討厭這個領袖，辱罵這個領袖。最後總結說，真正的領袖，是讓百姓感覺不到有人在治理，並且認為自己本來就是如此，也許這就是外國學者所謂本善的根據。

不過，如果百姓認為沒有人在管我，我本來就是這個樣子，沒有學習也沒有念書，這就代表本善的話，這種觀點能夠成立嗎？我們談中西文化的對照或國學的演變時，會說宗教可以講人性本來的面貌，而哲學不能。譬如，基督徒宣稱人有原罪，因為它是一個宗教，要讓人知道人的本性有缺陷，信了基督之後才能回復原狀，重新做好人。佛教徒宣稱緣起性空，性是空的，所以要覺悟沒有自我，如果沒有自我，人生怎麼會執著呢？這就是宗教。我現在可以清楚地說，如果按照某些人的解釋，認為儒家主張人性本善，那也是一種宗教的觀念，而不是哲學理論。真正的哲學，一定是面對生活經驗做全面的反省，由此讓你思考人要從哪裡出發？人生應該如何？或是透過儒家的修德，或是透過道家的智慧來得到解脫。這種解脫不是放棄，儒家的理想是修己以安百姓，是堯舜聖人的最高理想；道家的理想是領悟最高的智慧，亦即體現為悟道的統治者聖人。

我們學習道家的目的，不是要幻想自己成為聖人，而是要讓我們成為自己生命的統治者，如此一來，人生就能得到很大的轉變機會，這才是關鍵。為什麼要特別加強介紹聖人呢？因為每個人都應該成為悟道的自我管理者，掌握生命，同道產生某種默契。修行過程會很辛苦，從虛從靜著手，經過嚴格的修行階段，甚至會覺得孤單，好像別人都很聰明，只有自己很愚笨。其實這不是真的愚笨，因為我是從整體來看，不會在小地方斤斤計較；在小地方斤斤計較也許會有一些好處，但是從整體來看，所得到的恐怕無法補償所失去的。人生最怕得不償失，得到的少而失去的多。如果得到的少，卻以為自己得到了很多，最為可惜。該怎麼衡量，就是自己的問題了，我們要設法做自己生命的主人。

我們學到老子的三寶，要怎麼運用呢？第一，慈。盡量從道來看待萬物，對一切的現狀，現實存在的東西，設法了解它、接受它、欣賞它，因為我們不可能改變任何東西。老師會遇到比較理想的學生，也會有讓人不滿意的，我們要練習從老子的角度來看，「善人者，不善人之師；不善人者，善人之資。」（《老子・第二十七章》）當我們能超越善惡相對的緊張情況，看所有人都是一往平等，就能產生欣賞的眼光。如果我們總是在評價善惡，這是善的，還會有更善的、最善的，永遠難以產生就事物本身的真實，加以理解與接受的美感。人到中年之後，比較容易有慈祥或慈悲的心態，因為很多事情都可以從整體來了解。

第二，儉。儉是對待物質的態度，不要過於浪費。賺錢固然要花時間，花錢更花時間，既然如此，為什麼要拚命賺錢呢？許多東西用過就不見了，水龍頭打開了，稍微浪費一分鐘，流走的水就變成廢水了。光是「儉」這個字，就能帶給現代人不少啟發，不僅對外在的物質如此，內在的欲望若是也能慢慢減少，自己的時間自然增加了，可以去做更有意義的事。

最後，不敢為天下先，與人相處時，要像莊子所說的，別人推你，你才走；別人拉你，你才動。個人一無所求，順著外面的條件跟著別人一起往前走。莊子曾經形容鷾鴯，飛的時候不前不後，始終在中間；吃東西時，不先不後，如此最安全，可以活得平安愉悅。

我們一路從天下大亂，虛無主義，道的出現，聖人怎麼表現，講到老子的三寶，將老子的主要思想做一個綜合性的介紹，至此可以告一段落。

文化文創 BCC014A

傅佩榮‧經典講座

老子：在虛靜中覺悟人生智慧

作者 — 傅佩榮

總編輯 — 吳佩穎
責任編輯 — 陳怡琳
特約編輯 — 李承芳、魏秋綢
封面設計 — 斐類設計

出版者 — 遠見天下文化出版股份有限公司
創辦人 — 高希均、王力行
遠見‧天下文化 事業群董事長 — 高希均
事業群發行人／CEO — 王力行
天下文化社長 — 林天來
天下文化總經理 — 林芳燕
國際事務開發部兼版權中心總監 — 潘欣
法律顧問 — 理律法律事務所陳長文律師
著作權顧問 — 魏啓翔律師
地址 — 台北市 104 松江路 93 巷 1 號 2 樓

讀者服務專線 — 02-2662-0012 ｜ 傳真 — 02-2662-0007, 02-2662-0009
電子郵件信箱 — cwpc@cwgv.com.tw
直接郵撥帳號 — 1326703-6 號　遠見天下文化出版股份有限公司

製版廠 — 東豪印刷事業有限公司
印刷廠 — 祥峰印刷事業有限公司
裝訂廠 — 聿成裝訂股份有限公司
登記證 — 局版台業字第 2517 號
總經銷 — 大和書報圖書股份有限公司 電話／(02)8990-2588
出版日期 — 2014/12/29 第一版第 1 次印行
　　　　　 2023/04/25 第二版第 4 次印行

定價 — NT$350
ISBN — 4713510945780
書號 — BCC014A
天下文化官網 — bookzone.cwgv.com.tw

國家圖書館出版品預行編目 (CIP) 資料

傅佩榮‧經典講座：老子：在虛靜中覺悟人生智慧／傅佩榮著. -- 初版. -- 臺北市：遠見天下文化, 2014.12
面；　公分. --（文化文創；CC014）
ISBN 978-986-320-631-6（平裝）

1. 老子　2. 研究考訂

121.317　　103025490